你该知道的真爱秘密

[美] 芭芭拉·安吉丽思 著

钱基莲 译

印刷工业出版社

目录
CONTENTS

第五部分　使男人许下承诺的真爱秘密

第六部分　如何在生活中运用真爱秘密

前言

献给女人和男人的真爱秘密

让我告诉你，我是怎么决定要写这本《你该知道的真爱秘密》的。

几年前的某日，我和几位女性友人共进午餐。开始吃沙拉时，其中一个朋友问我："芭芭拉，你对那些教女人如何使用'恋爱宝典'来把自己嫁出去的书有什么看法？"

到目前为止，我只听过却没看过这些书，所以我坦白地回答："我还没有拜读过。"

"你还没有读过？"她伸手到皮包里，拿出一本小小的书递给我，"喏，我同事还送我一本。肯定会让你跌破眼镜的！"

我的兴趣被勾了起来。当然，这么多年来，我号称两性关系专家，常常被问及对一些"谈情说爱"书籍的看法。平常我就算不认同读者的想法，也绝对不会公然加以批评，因为那不是我的作风。因此接下来的事，我实在始料未及。

我看着朋友给我的这本书，封面看起来一点害处也没有。

我翻开书，开始阅读，谁料映入眼帘的是一则则不但不高明，而且是炒冷饭又过时的建议，就是那种我外婆告诉我妈妈，和男人接吻就会大肚子之类的告诫。

起初我以为是我误会了，以为是自我成长书籍的搞笑式开头。可是，让我觉得可怕的是，接下来的每一章竟然越来越离谱，我不禁恍然大悟，这可不是在说笑——它是在说真的！

我简直不敢相信我所看到的这些话，如：

“必须由男人主动……”

“要安静和保持神秘，行为举止端庄，宛如淑女……”

“不要多话，动脑筋和说话的事完全交给他来做……”

“让他来掌控全局……”

“如果他不送你珠宝首饰……最好就跟他‘切’了……”

“尽量穿紧身牛仔裤、迷你裙或低胸V字领衬衫……”

“如果你嫌鼻子不好看，就去隆鼻……”

这些所谓老规则，请容我将之称作“恋爱宝典”，这些经典语录绝对不会为你带来幸福；相反，只会破坏你的爱情，让你的行为举止活像是被同一个模子塑造出来的那般肤浅与装模作样!

这些观念害人不浅，使得不计其数的女人（包括我在内）陷入不好的恋情，害得许多女人走入没有爱、也没有意义的婚姻里，却又不敢一走了之。

这些观念不但制造出一代又一代没有自信的女人，也是我和许多事业成功与生活幸福的女人终其一生想要努力挣脱的束缚。

我想到所有毫无怀疑、迫不及待地把这些建议付诸行动的女人，她们完全没有领悟到最后会为了把男人骗到手，而牺牲自己的坦诚、诚信和自我尊重。

我想到所有读到这些连篇鬼话的少女，以为书里说的都是事实，于是玩手段、露乳沟、闭上嘴巴，让男朋友手到擒来。

我想到男人在听闻这些书后的反应，因为他们得到的结论是：“我的想法是对的，女人就是只知道控制、操弄的烂人。”

倏忽之间，我明白自己手中拿的或其他类似这样的书，不只是好玩的、可笑的、超级白痴的而已——这些说法根本是大错特错，不但违反了我20年来传授大家的一切，也违反了我所知道的健康两性关系的一切。

在那个当下，我知道自己必须动手写下《你该知道的真爱秘密》。

我要把“真爱秘密”献给每一个曾经因为所爱非人而心碎的女人。

我要把“真爱秘密”献给每一个曾经认为必须拥有男人终极幻想中的那种魔鬼身材，才能得到爱情的女人。

我要把“真爱秘密”献给每一个曾经害怕对男人说出自己真正的想法、渴望或关心的事情，唯恐对方会说自己是“太贪心和要求太多”的女人。

我要把“真爱秘密”献给每一个曾经因为害怕失去男人，而牺牲自己的意见、价值观以及自我尊重的女人。

我要把“真爱秘密”献给每一个为了取悦男人，而严重失去自我，不知道自己是谁的女人。

我要把“真爱秘密”献给每一个不希望女儿在爱情方面重蹈自己覆辙的母亲，以及每一个不希望以后落得和母亲一样下场的女儿。

我要把“真爱秘密”献给每一个梦想在真正平等的基础上，和一个真正的男人建立关系的女人——不玩手段、不争夺权力，只是充满爱、亲密、互相尊重的伴侣关系。

我要把“真爱秘密”献给每一个真男人，而他们想要拥有一个真女人——拥有一颗真诚的心与全心的爱，可以相信并且尊重的女人。

我以满心的爱献出这本书，献给你。

真正的事实，那就是，真爱秘密……

芭芭拉·安吉丽思

我们被灌输了对于理想伴侣既定的想法或者叫幻想，

然后就开始了投射。

好像王子找灰姑娘的方法一样，我们用一只固定尺码的水晶鞋去寻找真爱，

有时不自觉地甚至是自愿地被表面或一时的合适蒙骗；

有时，

尺寸好像真的很合适，

但内心却无法体会到真爱和真正的幸福。

心在哭泣，但却不会怀疑那水晶鞋本身有问题。

第一部分

你不能不知道的真爱秘密

Part1

真爱秘密不是教你成为男人想要的样子，以便让他把你娶回家。

真爱秘密是要教你做自己，同时找到一个爱你的男人。

什么是真爱秘密？

小时候，我相信我这辈子最幸福的日子，就是结婚的那一天。尽管当时我对两性关系毫无概念，但是已经懂得与心目中的白马王子结婚的那一日，意味着我人生里的一个重大成就，对所有女人的一生来说也是如此——

我正式俘虏了一个男人。

谈到我求得夫婿时，尽管没有人真的说出“俘虏”这两个字，然而来自家人和社会所传达的信息一清二楚：我得帮自己“找到”一个老公，“有”一个男人，“俘虏”一个家伙。

错把得到男人当成人生目标

显而易见，在成人的世界里，没有“赢得”男人，或者更惨一点，从来没有“赢得”婚姻的人，会被人认为是可怜兮兮的、活像是动物群里逮不到猎物的弱势一族。我仿佛能听到亲戚们在窃窃私语：“某某人的女儿已经32岁了，却迟迟没有结婚，真可怜哟。我在想她不知道有什么问题……”

因此，我就像史上数以百万计的女人一样，获得这个信息：**我作为女性的价值，就在于“得到”男人的本事**。得不到男人的话，我就称不上是个女人。要是我运气够好，得到的是有一份好工作或是有钱或是有好工作又有钱的男人，那么，我马上成为如假包换的大赢家。

因此，顺理成章地，17岁时，我的人生主要目标就是找个男生谈恋爱。如今回想过去，我明白那个男生是谁其实并不重要，重要的是我能够保住这段关系。当然我从来没有问过自己，我是不是真的快乐，他是否具备了我理想中男友的条件，我只是想要和人凑成一对罢了。我在意和谁在一起的程度，远远不及我在意有男朋友这个事实的程度。

后来，我读大学时，这个模式仍然继续着。某人说他喜欢我，稍微追我一下，我就会和他在一起。（回首过去的一些男朋友，我不禁感到一阵颤抖……你是知道那种感觉的，对不对？）当然，这些恋情从来没有开花，怎么可能会结果？因为**我的目标是得到一个男人，而不是开创一个美好的两性关系**。我忙着“得到”男人，从来没有问过自己是否真心想要与此人共度一生。

好不容易，我21岁那年，这个重要的时刻终于来临了。有个年轻男子向我求婚。我是不是真心爱他不重要，我根本不了解他也不重要，我们两个完全不搭调更不重要。这一刻——求婚，就是我一直在等待的，所以我理所当然地说：“我愿意。”

终于，我将成为某某太太了！我做到了……我终于得到了一个男人！

你可以想象，过了短暂但浑如噩梦的五个月，当我发现自己的婚姻破裂时，那颗心是如何地碎成千片。“怎么会这样？”我难以置信地问自己，“我要的不过是一个婚姻而已啊。”

采用“恋爱宝典”无法建立健康的两性关系

我花了很多年，经历了好几段痛苦的恋情，才理出了头绪。

我会心碎，因为我遵循的是老一套的**“恋爱宝典”**。

让我心碎的这个“恋爱宝典”是什么？就是家人教我的每一件事情，以及社会对女人所持的态度背后，那个没有说出口但非常强烈的信息。

“恋爱宝典”就是：女人一辈子的目标，就是找到一个老公。

我遵守这个“恋爱宝典”，也得到了老公。问题是，我想要结婚的念头，大于我想要和理想男人结婚的念头。我说过：遵守这些宝典的女人，目标是在于“获得”一个老公，而不是建立健康和充满爱的两性关系。

这就是遵循“恋爱宝典”会发生的事情。你把力气与意识完全放在这段过程里**得到**的部分，而不是放在得到的人是**谁**上面。然后有一天醒来时，发现你和一个完全不是自己想要的男人，处于一段完全不是你想要的关系里。

“恋爱宝典”会破坏你的爱情生活

我就像成千上万活在这个时代之前与之后的女人一样，一心一意只在乎要让某人爱上我，从来没有花时间好好问过自己，我爱不爱他。我把全部心思都放在要他给我一个承诺上面，从来不问自己，他是不是我想要托付终身的人。我拿出全部手段，使他认为我就是他想要的美娇娘，却从来不问自己，他是不是我想要的如意郎君。

直到三十四五岁我才明白，奉行“恋爱宝典”，使我在不知不觉中破坏了自己的爱情生活。一直到我抛开这些老掉牙的“恋爱宝典”，改用这本书里的“真爱秘密”之后，才终于找到适合我的男人，建立了我一直企盼的健康的两性关系，然后走上红地毯——这一次结婚，理由完全正确!

那些主宰许多女人生活的“恋爱宝典”，究竟是从哪儿冒出来的呢?

其实，它们是经过数千年的历史演变而来的。历史上的女人向来没有平等的权利或机会，没有工作或没有能力赚取自己的收入，所以她们真的需要有男人，而且是随便一个男人都行，才能够活下去。女人别无选择，不是嫁给任何一个肯娶自己的人，就是去当修女（和朋友合租房子住根本是痴心妄想）。

数个世纪之前，许多理所当然的事情，摆在今时今日就显得格格不入，例如把马当作交通工具，生火煮饭，因为不想再生孩子而禁欲。现在你有许多可使生活更轻松、更愉快的选择，这就叫进步。

这样的“恋爱宝典”，以及所有从这些“宝典”衍生出的其他花招，在数千年前言之成理，甚至在100年以前也还行得通，可是现在显然行不通了。

选择真爱秘密，让你的人生改观

无论你最近是否在书里看过、听过或是从家人或女性朋友那儿听到这种过时的说法，或是和我一样，刚刚才明白这种想法在不知不觉中主宰和破坏你的爱情，有一件事情是千真万确的：身为21世纪的女性，你还有其他的选择，而这就是真爱秘密的目标。

真爱秘密是关于爱情与两性关系的积极原则，将会带你走向更有活力、更圆满的未来，绝不会让你困在有限的过去里。

真爱秘密不是教你成为男人要的样子，以便让他把你娶回家。**真爱秘密是要教你做自己，同时找到一个爱你“庐山真面目”的男人**。

真爱秘密不会一味教你如何让男人手到擒来，而是教你如何找到适合的男人。

最重要的是，真爱秘密不是依据害怕的消极原则——害怕形单影只、害怕没有魅力、害怕自己一旦“不神秘”男人就会厌倦你；害怕走错一步路或说错一句话，这段感情就会“随风而逝”了。当你的行为或选择是出于害怕时，举手投足就绝对不会发自最有力的内心。

反之，真爱秘密是依据爱情的积极原则，也就是爱和尊重自己身为女性的想法、需求、感受，爱和尊重他身为男性的想法、需求、感受，同时在所有的行为以及沟通中，用坦诚、善意、尊重的方式，表现出对自己与对他的爱。

真爱秘密建立在爱的法则上

在接下来的篇章里，我一共要和你分享25条真爱秘密。这些秘密，依据的都是下列这些基本原则，我称之为**“爱的4个法则”**。

1．人生的目标不是为了结婚。你这一生的目标是尽可能成为最有爱心、实现自我、**真正的女人**。

2．你不应该把人生全部的重心都放在找老公这件事上，而应该为**真正的你**，找到一个和你**“心心相印”的男人**。

3．一旦找到适合的男人之后，目标不应该是使他做出终极承诺，而是开创一份健康的、有爱的、互相尊重的真感情。、

4．建立一份健康的、有爱的、互相尊重的真感情之后，两人之间自然而然就会产生充满爱的承诺。

我即将告诉你真爱秘密的确切内容，虽然你才看了这几页，却已经可以开始用真爱秘密的思维取代“恋爱宝典”的思维。下面这张表可以助你一臂之力。

“恋爱宝典”的思维	真爱秘密的思维
我要一个男人。	我要一个和我“心心相印”的男人。
我要他爱我。	我要他爱真正的我。
我要成为他在寻觅的对象。	我要确定他是我一直在找寻的对象。
我要想办法让他娶我。	我要和他一起努力，建立一份健康的、有爱的、互相尊重的感情，再让这份感情变成一个承诺，使我们的婚姻天长地久。

和你分享这些真爱秘密让我感到十分雀跃，因为我知道你的人生将因此完全改观。你一定要知道真爱的秘密！

摆脱破坏爱情生活的『恋爱宝典』

“恋爱宝典”破坏自信，真爱秘密让你找对人

你是否曾经心动，想要尝试一下最近在书报杂志上看到的那些“恋爱宝典”，希望让男人爱上你或是让男朋友开口求婚？

妈妈或朋友给你“欲擒故纵”的建议，是否曾经掠过你的心头？你是否曾经想过这一招对自己管不管用？

你是不是羞于承认，尽管你不认同这种做法，但是私底下曾经考虑使用其中一些“宝典”，因为你已经厌倦了单身生活？

如果你的回答是“对”、“可能”，甚至“不知道”，请你停下手边所有的工作，立即好好阅读这一章的内容！下一次约会前，给男人打

电话前，或者出门前，先想一想。

◇以“恋爱宝典”为最高原则，会破坏你的自信，拿走你在两性关系里的真正力量。

◇实行真爱秘密，不但会使你找到对的男人，也会使你在生活所有方面备感自信。

我认识的大部分女性——不论是17岁或是70岁，要的不只是甜甜蜜蜜的感情，她们也想要自己的人生过得充实有力。所有人都希望自己梦想成真，不论那些梦想是要建立幸福的婚姻和家庭，还是要建立一份属于自己的成功事业。

英文字典对powerful这个词的定义是：强壮的、能干的、有信心的、有效率的、令人钦佩的；powerless则是无助的、软弱的、没有效率的、依赖的。这两个词的定义背道而驰。除了希望自己有分量之外，大部分人也想要有很强的自信和自我价值。一个人的自我评价越高，自然会越觉得自己能力强、力量大，越能够吸引理想的人。

但是，你知道吗？每次你要出一个“恋爱宝典”，就是在伤害你的自尊和力量。求得如意郎君的“恋爱宝典”看起来或许可笑、无害，但事实上远比表面上危险许多，因为你每要一次，就是在加强自己负面的想法。

你想要成为装模作样的女人吗

“恋爱宝典”的前提是，你的目的是找个男人，让他把你娶回家。你是猎人，他是猎物，你的目标是捉到他。可是“恋爱宝典”又说，男人未必想要对你许下承诺，他不想被套牢，所以你得把他骗到手——

◇你不能透露太多自己的事情，否则他就会觉得胃口尽失。

◇你不能显露出真正的想法，否则他对你就会兴致大减。

◇你不能太坦白，否则就会令他感觉很腻。

◇你必须表现出一副难以到手的样子，这样他就会因为得不到而想要你，而你就得到他了！

这就是“恋爱宝典”的目的——用搞神秘、不坦诚、不吐露情意的方式，达到你对男人的目的。这种行为可以一言以蔽之——

操弄（Manipulation）

操弄和真正的力量相反。一个有力量的女人，不必操弄别人以得到她想要的东西。你不必“假借”、耍手段、隐藏事实或是装模作样。

这是我们来到“恋爱宝典”的第二个前提，就是：你必须摸清楚某个男人想要什么样的女人，然后投其所好，以便让自己“好相处”。

你的目标就是削足适履，成为他心目中理想的女人。你不想让他有借口拒你于千里之外，因此用你认为他想要的方式来表现自己。这种贬低自己的行为，有另一个说法，就是——

假面（Masquerade）

假面就是真正的自重与自信的相反。当你真正爱和尊重自己时，便用不着在某一个男子面前隐藏自己的个性，以免“吓跑”对方。你不必做出高深莫测的样子、隐藏自己的感受，或是把自己的观念或想法埋在贤淑的笑容之下，甜甜地说：“你怎么说都好。”

所以，当你选择使出“恋爱宝典”的时候，就是在加强无力感或降低自尊。你好像就是在说：“我的脑袋瓜不够灵光、不够好、不够有趣，如果只是做自己的话，不足以使男人兴起想伴我一生的意愿。所以我必须操弄他，使他想要得到我，同时戴上假面，变成一个和我不一样的人。”

“恋爱宝典”会危害自我评价

这两个“M”（操弄和假面）为什么会是真正的力量和自我评价的

大敌呢？这些“恋爱宝典”又为什么不管用呢？原因如下。

1. 把这两招用在男人身上时，绝对不会培养出真正的信心。因为你不是用自然的言谈举止，也不是表现你的本性，才引起对方的兴趣或得到对方的爱。

2. 把这两招用在男人身上时，绝对不会培养出真正的力量。因为你是用做作的方式勾起对方的兴趣，依赖那些技巧把他留在身边的。当你依赖外力时，绝对不会感受到那股真正的力量。

3. 所有男人都可以看出隐藏在“恋爱宝典”里的一个秘密公式：

M+M=B

意思就是：

Manipulation（**操弄**）+Masquerade（**假面**）=Bitch（**坏女人**）

没错，就是这个B。再没有其他的字眼可以表达得如此贴切。这是俚语用词，每个人都心知肚明代表的是什么意思。

不妨做个实验：随便找一位男士，阅读下列这段对女性的描述，然后再请对方用一个字来形容她。

有一个女的玩手段，不惜一切要达到目标，假装不喜欢你，想要你是弱势的、不坦率的；但她却不会是弱势的，对你也不坦率，从你送给她的礼物来评断你，每一样东西都要你付钱，而且不体谅你的行为。

我敢打赌，十个男人有九个会说：“这还不简单——她是个坏女人！”

就是那么简单。我们可以用比较文雅的方式，说得稍微好听一点，不过重点还是一样的——

使用那些“恋爱宝典”，不论用意有多好，你在男人眼中十有八九都会是个坏女人。如果有男人觉得那样的女人迷人，那么他绝对不会是你这一辈子想要的男人。

除了真爱秘密，你还有其他的选择吗?

第二部分

让两性关系和谐的真爱秘密

Part2

你的伴侣只能爱你像爱他自己那么多。女人在选择老公时犯的最大错误之一，就是注重他爱我几分以及他如何对待我，而不是他如何对待他自己。

你希望男人怎么待你，你就怎么待他

秘密1是所有真爱秘密的核心。这个秘密不只和爱情有关，也和生活有关。

这句话听起来是不是很熟悉？也许你听过另一个说法，传统上这叫作“黄金法则”：己所不欲，勿施于人。你对别人做的善行，最后必然在你的生活里产生好的影响；你对别人做出的恶行，一样会对你的生活产生负面的影响。

不论你怎么说，**秘密1**的意思都一样，就是用你想要别人（这里指的是男人）待你的方式去待人。

◇想要男人体贴你，你就要体贴他。

◇想要男人对你诚实，你就要诚实地对他。

◇想要男人尊重你，你就要尊重他。

◇想要男人对你毫无保留，你就要毫无保留地对他。

当然，**秘密1**的另一面，就是不要用你不想要别人待你的方式，去对待男人。

◇如果你不想要男人和你玩游戏，你就不要和他玩这种游戏。

◇如果你不想要男人操弄你，你就不要操弄他。

◇如果你不想要男人对你冷淡，你就不要冷淡地对待他。

◇如果你不想要男人让你知道他真正的样子，你就不要让他看到你真正的样子……懂了吗？

从宇宙或灵性的观点而言，**秘密1**的根据是，所有生命都是平等的，而且拥有平等的价值，男人的价值并不比女人高，也不比女人优秀。所以，你希望他们怎么待你，你就应该用同样的礼貌和尊重对待他，这是常识。

当感情举棋不定时，秘密1帮你做出正确反应

如果你是个想要同工同酬、在社会上享受同等权利、在生活中获得同样机会的女性，你怎么能给男人一份称不上对等的感情？

有道是“鱼与熊掌不可兼得”。你不能说：“我认为男朋友和我是平等的，可是我觉得他应该一肩扛起彼此关系里采取所有行动的重担，而且他是唯一会面临被拒绝的人。”这纯粹是自私，而不是来自真爱秘密的想法。

就算你想不起所有的真爱秘密，一旦举棋不定时，请回到**秘密1**，你就会对在一段感情中该怎么做或说什么话，作出正确的反应。这是因为你会根据尊重与公平作出决定。

那么，“恋爱宝典”怎么会说生活的自然秩序是男追女，男人就像动物一样喜欢追逐，所以女人必须如此对待他们，让他们追不到，让他们觉得女人难以捉摸？其实，这根本是不尊重人、侮辱人的鬼扯淡。

因为男人喜欢挑战，就说他喜欢战斗和上战场，因此，应该尽量使他无法征服你，这种说法就像说女人喜欢洗厕所和刷地板、女人当二等公民是生活的自然秩序一样，真是可笑之极。

的确，就整个历史而言，男人一直被制约在喜欢担任猎人的角色，可是那并不表示你必须扮演逃跑的猎物，纵容他们沉溺在这个角色里。

何必故意引出男人最丑陋的一面呢?

如果老板告诉你，你永远无法获得升迁，只因为你是女人，本事就是比不上男人，你会作何感想?如果你设法申请奖学金念研究生，辅导员却把这份奖学金给了一个男生，他的说法是女生没有男生聪明，你又作何感想?

你一定会气得七窍生烟，对不对?那种态度会比认为应该用不同的规则对待男人来得差吗?

用秘密1检视你的爱情生活

秘密1说，对你想在男女关系上奉为圭臬的任何规则做个简单测试，就是：逆向而行。让这条“规矩”成为男人对待你的规则，看它公平不公平。

举例来说，有一条“恋爱宝典”说：“不要主动打电话给男人，也少回男人的电话。”现在，我们把它倒过来：“不要主动打电话给女人，也少回女人的电话。”这样的男人你会想去爱他吗?我想不会吧。

再来试试另一条：“别先开口跟男人讲话。”好，现在倒过来：“别先开口跟女人讲话。”想象一下，如果你踏进一个舞会，所有男人都把它奉为准则，你连想要找个人说话，都得一步一步诱导对方开口时，爱情生活还会令你怦然心动吗?

你现在应该明白我的意思了。**秘密1**提醒你，**一条法则要行得通，就必须公平**。因此，如果你像许多奉“恋爱宝典”为最高指导原则的女人一样，有一套如何对待男人的规则，同时另有一套他应该如何对待你的规则时，毫无疑问，你就是在骗人。

因此，心中有疑惑的时候，就回到**秘密1**。

举例来说，朋友送你两张热门演唱会的门票，你不知道该不该邀请刚开始交往的男人一起去时，就用这条真爱秘密：**如果是他邀请你去听演唱会，你会不会想去？会！那就开口吧**。

或者，假设你正在与自己很喜欢的男人交往，你觉得和他在一起很开心，但是该不该告诉他呢？不妨运用这条真爱秘密：**如果他说和你交往很开心，你会不会很开心？会！那么，但说无妨**。

在这些情况下，可能发生的最糟糕情况是什么？你表现出一些善意、一些关怀、一些热情，而对方却毫无响应……那又怎样！就算这段感情没有戏唱了，你也毫无损失。只要你拿出善意、真心和对生活的热忱，最后你一定会是赢家，因为你奉送给宇宙的一切，最后都会回到自己身上。

切记，男人需要的爱和保证，和你一样多

在更确切地了解真爱秘密之前，你必须明白**秘密2**是什么。

这个秘密与其说是行为，倒不如说是你在运用真爱秘密时，对男人抱持的态度。更重要的是，这是你与所有的男人互动时，都应该抱持的态度。男人会注意到这个态度，然后认为你了解他们，他们就比较容易对你敞开心门。

我花了数十年的时间研究男人、为男人举办研讨会、回复男人寄来的成千上万封信函，我和女人谈男人，也和男人谈他们自己。我可以告诉你，和一般人的想法刚好相反的是，**男人和女人一样敏感，而且像女人一样需要爱和保证**。**这就是秘密2**。

你认识的每一个男人，都会是以下这三个类型的其中之一。

类型一——你不想要的男人。有的男人在沟通、亲密、诚信方面大有问题，他们根本还没有做好和任何人谈感情的准备。这些可怜的家伙还需要多努力才行，虽然他们自己可能并不认同这个看法！顺便告诉你一声，这些男人通常就是对老套的追逐游戏会有回应的人。（请看**秘密**3）

类型二——完美、开明的男人，他们没有情绪包袱、有安全感，而且心理成熟，随时都知道你有什么需求，同时会满足你。不用说，这类型的男人“从缺”，只有少数尊者（印度教的神职人员）、牧师、僧侣属于这一类型，可惜他们是不动凡心的。

类型三——想要有承诺的恋爱关系，但是就像你一样，内心里害怕被别人拒绝、害怕受伤害，因此需要爱和鼓励。

应该一目了然的是，对类型一的男人要像躲闪瘟疫似的避之唯恐不及（请参阅**秘密**8至13）。而类型二的男人根本没的选！如此一来，你遇到的男人大多会属于类型三。

你需要多少爱，男人就需要多少爱

我要曝一个类型三男人的料：在很大的程度上，他们和你或其他女人没什么两样，他们的感觉一样深刻，而且再次提醒你，他们对爱和保证需要的程度并不亚于你。他们可能没有勇气承认这一点，而且就算和你结婚以后也不会承认，然而听我的话准没错，这是千真万确的——

男人在内心里需要有被爱的感觉，需要觉得自己特别，需要觉得安全，需要觉得自己在人生和婚姻里表现得出色。

你很清楚在斟酌要不要让男人知道你被他电到时，心里充满的各种恐惧滋味吧？男人在考虑要不要对你采取行动时，也有同样的感觉。你应该很清楚和新的对象约会前那种紧张兮兮的心情吧？男人在与你约会前的感觉也是如此。

事实上，他们的感觉更严重，因为根据“恋爱宝典”，采取第一个动作、开口邀约、规划约会内容、主动出击做出亲密之举，一直到求婚的那一步，全都是男人的责任。

想想看，他在一个又一个的情况下都要做好被拒绝的准备。

接下来的这张表，是为了帮助你更了解**秘密2**。

男人不能说的愿望	男人不能说的恐惧
想要取悦你。	害怕不知道如何让你快乐。
我要她爱我。	害怕自己不足以取悦你。
想要做对事情。	害怕自己犯错。
想要敞开心胸去爱。	害怕你会拒绝他。

我想问你一个问题：什么时候你会真正安心地打开心门？对大部分女性而言，答案是："当我有真正被爱的感觉时。"你猜怎么着，这一条真爱秘密也同样适用于男人。

你越爱和越欣赏一个好男人，他越会觉得安心，越会敞开心胸来爱你。

运用秘密2，让你成为他生命的一部分

运用**秘密**2表示你永远不会忘记，每一个你渴望靠近、令你倾心的男人，其实都是内心担惊受怕的小男孩，他和你一样害怕被拒绝。

不论是你冷淡的态度、取笑他说的话，或是因为他做某件事情的表现不好而"酸"他，千万不要低估你伤害他的力量。他或许不会把这件事情拿出来说，但是请相信我，他绝对会记在心里。

所以，用不着被男人吓着，而是该开始练习用不同的眼光，敏锐地观察他们，明白他们需要你的爱，就像你需要他们的爱一样多。当你记住**秘密**2以后，在男人身旁便会更加自在和自然。

相信我，你越对男人表现出你没有把他定型为"典型的"、不擅长沟通、内向的男人，他会越早打开心门，对你张开双臂，让你成为他生命中的一部分。

远离不喜欢真爱秘密的男人

你在刚开始谈感情时，遇到最大的一个问题是什么？就是在投入感情之前，如何分辨自己有没有爱错人？你爱错了人，甚至还失了身，直到3个月、6个月或9个月后，才发现他根本不是你想托付终身的对象；而且事实上，你甚至不喜欢他或者看不起他，这样的经验，你有过几次？

运用真爱秘密的一大好处，就是当你实践它时，那些**不适合你的男人都会自动从你的生命中消失**。为什么会这样？因为真爱秘密会让不适合的男人感觉浑身不自在！

真爱秘密是健康好男人的探测器

真爱秘密就像“健康好男人的探测器”，适合你的男人就会喜欢它；反之，恋爱习惯不健康的男人就会讨厌它。

我们打开天窗说亮话吧，有些男人的确是比较适合“恋爱宝典”的类型。他们即使对不熟的女人，也能肉麻兮兮地把“宝贝”、“甜心”之类的话挂在嘴上。他们认为女人应该“受到保护”，不必负担太多生活责任，他们是“男儿本色”的心理。换句话说，他们认为自己想做什么就做什么，用不着你来提供建议。表面上看来，他们或许当你是公主，但是在他们的心目中，无疑地认为自己才是国王。

这些男人喜欢追求女人，因为这种事情让他们觉得很有成就感、充满干劲、有男子气概。他们想要让自己看起来很有力量，爱情的追逐游戏满足了这个未被满足的需要。因此，他们喜欢扭怩作态、操弄、“硬撑”的女人，因为征服你的挑战让他们感到兴奋不已。

当你最后终于屈服时，他们就赢了；尽管你的手指头套上了闪闪发亮的戒指，你还是输了。为什么？因为**喜欢“恋爱宝典”的男人不要一个真女人，他们要的只是一份战利品、一份财产、一个奖品而已**。

喜欢“恋爱宝典”型的男人：

◇觉得主控权在他们。

◇认为男人是高人一等的。

◇认为女人在生活里的作用不大。

◇不喜欢女强人。

◇认为他们的意见比较重要。

◇有追逐的瘾，宁愿受骗也不愿无聊。

◇以长相、体重以及胸部的大小来为女人打分。

◇他觉得自己比你聪明。

◇不喜欢被质疑或挑战。

◇没兴趣为了你而改变自己。

◇不想让彼此的关系太深入，即便是结了婚也一样。

◇如果你在任何一方面（智力、收入等）胜过他，他就会觉得受到威胁。

如果你要找的是这种老公，你最好现在就丢开这本书，因为喜欢“恋爱宝典”的男人不喜欢奉行真爱秘密的女人，因为你不会愿意玩他们的游戏。

这些男人到底是何许人，他们怎么会这样呢？他们通常是小时候被强势专横的父亲或吹毛求疵的母亲给压制了，所以决定长大以后要成为发号施令的人。或许他们看到爸爸不把妈妈当人对待，于是认为男女关系就是“统治者与被统治者”的关系。或者他的爸爸是个被动无能之人，被他妈妈当成粪土，于是他从小就下定决心，等他长大以后绝对不让女人牵着鼻子走。

重点在于，喜欢“恋爱宝典”的男人总是对女人有不自觉的恐惧，内心里有不为人知的无能感，并且同时受到这两种感觉的驱使。

无论如何，一个真正的强者、有自信的男人，不必每5分钟就向自己和你证明这一点。

你应该为这些被误导的男人感到难过，但不必难过到要和这样的男人在一起。就算你认识这样的男人，也别想去改造他，不论这个诱惑有多大。认清他是个喜欢“恋爱宝典”的男人，然后离他远一点就好了。

真爱秘密照妖镜，让与你不合拍的男人立刻现形

你该如何运用真爱秘密来剔除那些不合拍的男人，把机会留给“速配”的男人呢？很简单，只要开始实践真爱秘密，然后看着不适合你的男人脚底抹油，朝相反的方向一溜烟逃走就好了。

举例来说：参加聚会时，朋友介绍你认识了一个你觉得挺吸引人的男子。“恋爱宝典”说：不要看着他，不要多话，让他主动，不要露出被他电到的样子。

然而，你要尝试的是真爱秘密。

1. 谈论你感兴趣的事，表现出真正的你（**秘密5**）。

2. 不玩爱情游戏（**秘密4**）——如果他约你两天后见面，那天你正好没事，想要答应的话，就不要假装你很忙，然后说“不行”。

3. 喜欢他，就要让他知道（**秘密6**）——如果他说和你聊天很愉快，不要故作神秘地停顿片刻，然后轻描淡写地回答。告诉他，你和他聊天也很愉快。

如果他看起来兴致不佳，或是话说到一半就突然走开，或是说要打电话给你却食言了，怎么办？这是否表示真爱秘密不管用？恰恰相反，真爱秘密照妖镜的效果好极了！恭喜你！你运用真爱秘密，迅速有效地剔除和你不搭调的男人发展出有害恋情的可能！

越早找出属于“恋爱宝典”型的男人，并且把他们扫地出门，你就能越早找到一个高EQ的男人，好好谈一场你梦寐以求的恋爱。

不玩爱情游戏

真爱秘密的目标就是要做个聪明人。聪明的女人是不玩爱情游戏的。

字典上对“游戏”的定义是：一种玩耍或运动的形式，一种阴谋、计划或骗局。

“恋爱宝典”讲求的就是玩爱情游戏。你为什么不应该玩两性关系的游戏?

◇深信自己的聪明才智不足以找出与男人沟通的方式，或不足以找出适当方式对待男人的女人，才会玩爱情游戏，结果她们就得把那些荒谬的必做与必不可做的事牢记在心。

◇被告知不能运用自己天生的本能，而且被说服在心理上感到害怕，以致无法时时刻刻想清楚每一种情况的女人，才会玩游戏。

◇被制约成相信爱情关系的目的是要获得奖赏——订婚戒指——而且她们会是赢家的女人，才会玩爱情游戏。

◇玩爱情游戏是蠢事，而你并不愚蠢。

游戏是给小孩子玩的，或是行为举止想要像小孩子一样的人。好的父母会教导子女不说谎、不装模作样、不欺骗别人。如果孩子和你玩这种游戏的话，可以吗？我想应该是不行的吧。那么，为什么你就可以和男人玩这种游戏呢？当然不可以！

聪明女人不玩爱情游戏

让我告诉你，为什么在你的爱情和婚姻中玩爱情游戏是不对的吧。

大部分游戏的基础是欺骗、搞神秘和竞争。玩扑克牌时，我不会想让对方知道我拿的是什么牌，因为我想要占上风。打网球时，我可不想让对手猜到我打算把球发到他的哪一边。下棋的时候，我吃掉的棋子就是要比对手多。

欺骗、搞神秘、竞争……这些伎俩，在玩扑克牌、打网球、下棋时可能无所谓，但是却不属于你的爱情生活。

你知道男人总是在告诉我什么吗?他们说,女人之所以会被认为没有男人聪明,就是因为会去玩一些愚蠢的游戏。

“女人是不是真以为我们不知道她们在玩游戏?”男人们不可置信地问我。

男人当然知道你在干什么。他可能配合你,陪你玩一下;可是久而久之,他就会因此而看不起你。而且,如果他真的不知道这是怎么一回事,你怎么会把他放在眼里?**如果一个男人笨到喜欢“恋爱宝典”,你又怎么会要他?**

远离“恋爱宝典”型的男人

“等一下,”你心里可能想,“那么,知道这是怎么一回事,也喜欢女人玩爱情游戏,以及奉行‘恋爱宝典’的那些男人又该怎么说呢?”

我们在**秘密**3中看到,的确有些男人在心理上会听从别人的操弄。你表现得冷淡、摆高姿态、忙得没时间理他,他忽然之间就非要得到你不可。这难道就是你想要的结果吗?绝对不是!

切记:**他想要得到你,并不表示他爱你**。

我敢说你一定曾有这种经验——想要得到某样东西的原因,只是因为你得不到而已。例如:你和一个臭男人分手,数周后发现他和你的朋友开始交往。有那么一会儿，你感到疑惑："或许他没有那么糟……或许我的决定太草率了？"

如果你聪明的话，就会明白，你并非真心想要他回来，你只是不喜欢"不能得到他"而已。你的欲望只是自我的反射式反应，并非来自于你的内心。

这正是你和男人玩游戏时会发生的情形：

"你得不到我的。"

"说不定我喜欢你，说不定我并不喜欢你。"

"猜猜看，晚上我们不在一起的时候，我在做什么？"

"我不是很神秘吗？"

会回应这些游戏的男人，就是视自己为猎人、视你为猎物的人，这种男人是你应该要敬而远之的。刻意去吸引他们是一大错误。

善用真爱秘密来观察男人

玩游戏和操弄之外的选择是什么？就是运用真爱秘密，做个举止合宜的聪明人。

情况： 你和心仪的男人刚开始谈恋爱，你不想在对他这个人和他的想法有多一点了解以前，表现得太喜欢他，或是过早把自己的想法告诉他。

处理这种情况的方式之一是按“恋爱宝典”出招：他约你出去时，绝对不表现得兴致勃勃，绝对不打电话给他，绝对不回他的电话；他送你花或礼物时，要表现得无动于衷。换句话说，你可以玩游戏，测试他一下。

何以这个选择不只是不尊重人，甚至还有点冒险呢？你不显露出喜欢他，绝不开口约他到任何地方，而且做出对他送的礼物毫不在意的态度，很容易让他觉得你并不喜欢他，而使这段感情无疾而终。

反之，要运用真爱秘密。

假设你正在与这位男士共进晚餐。你可以提问题（**秘密7**），帮助你判断他的感觉。你或许可以问他以前有没有谈过恋爱，看他如何回答。

举例来说，如果他回答“没有”，然后转移话题，这个举动可以让你知道他不习惯亲密关系，而且谈这件事让他感到不自在，这两个都是严重的警讯（**秘密10**），提醒你和他交往时要非常谨慎小心。

假设他回答：“我大学时曾和一个女朋友交往3年，可是毕业后就分手了。”

他给了你一些资料，并且提供给你一个开场白，这时你可温和地提出另一个问题：“你是因为大学生涯结束后搬走了，而结束这段感情的吗？”也许他会回答：“我想是吧。我们在学校感情很好，可是对未来有不同的想法，我们两个都明白彼此不会有结果的。”

下一步该怎么做？你猜对了——**发自内心地对他的回答说一些适当的真心话**。

举例来说，赞美他一下：

“哇，你们两个都坦诚地对自己和对彼此说出想要做的事情，实在是很难得。你这样的男人多一点就好了。”

或者，说一说你自己的事：

“我真的是感同身受。我也曾经和一个男朋友有过类似的情况。我们在一起差不多1年，那时我因为上一门课而对心理学和哲学产生了兴趣，可是他觉得那不过是在浪费时间。所以我们虽然彼此相爱，但是很快就觉得双方并不适合，于是就决定不再见面了。”

或者，肯定他说的话，然后再追加一个问题：

“你们的感情那么好，要向对方承认彼此未来的方向不同，一定要鼓起很大的勇气。你未来的目标怎么会和她的目标有那么大的差异？”

你的话有什么作用？多得很！

◇你的话让他知道，你很欣赏他这个人。（**秘密16**）

◇你的话让他知道，你观察敏锐、聪颖、富有同情心。（**秘密5**）

◇你的话把你个人的重要资料和兴趣告诉了他。（**秘密15**）

他的回答对你有什么用处?

◇让你知道他的人品。（**秘密9**）

◇让你对他要的是什么样的感情有个概念。

◇让你清楚地知道他对亲密关系、情绪话题以及坦诚的沟通感到自在的程度。

只要在3分钟的谈话中，搬出几招“真爱秘密”，就可以对一个男人有这么多的了解，岂不妙哉？比起费尽心思耍手段，然后看他的反应，这么简短却坦率的交谈中所得到的资料，对你判断自己要投入多少，要有价值多了！

请相信，一旦开始使用真爱秘密，发现它的美好效用后，你就不会再对以下的说法有所怀疑：

玩手段、耍心机是得到理想男人的错误方法！

自然流露你的本性

真爱秘密里面，最容易做到的就是这一条；然而最不被女人当一回事的，也是它。自然流露本性的意思就是：

◇不要尝试表现出不是自己的样子。

◇不要尝试根据你认为某一个男人可能会喜欢的样子，而把自己塑造成那个样子。

◇不要尝试模仿别人所说男人想娶的那种女人。

◇不要看到你的朋友总是能够“招蜂引蝶”，就东施效颦。

自然流露本性，就是**行为举止以及与别人沟通与互动的方式完全合**

乎你的本性。

举例而言，如果你是个非常热心、活力充沛的人，当你和男人在一起玩得很开心时，要你尽量压抑兴奋之情；如果你是个幽默感十足的人，要你在和某位帅哥约会的4小时里绝口不说轻松的笑话；如果你是个喜欢知性讨论的人，要你在与男朋友交谈时，尽量压抑自己的意见。以上这些，都会让你显得矫揉造作。

自然流露本性的意思，也是**当下做出自然的反应，而非依照“恋爱宝典”预先列好的步骤去做反应**。

如果依照你的本性，你会约喜欢的男孩子一起去参加朋友聚会，就算他只约你出去过一次，你也不要迟疑，照做不误。

如果自然流露本性，告诉你约会的对象，当天稍早发生在你朋友身上的悲剧令你难过，就算这会儿使你看起来不是“无忧无虑”，照做不误。

如果自然流露本性，是和你才刚开始交往的对象打半小时的电话，倾听他敞开心门对你诉说父母离异的事情，就算这么做，会让他明白你是真的喜欢他，你也照做不误。

与自然流露本性相反的是什么？就是听从“恋爱宝典”的建议，装模作样和硬撑着。

装模作样的意思就是：

◇装得很冷淡，其实很在乎。

◇假装一切都很好，其实并非如此。

◇假装不喜欢对方，其实正好相反。

◇假装安静保守，其实你有话要说。

◇假装忙得没有时间约会，其实你空闲得很。

◇假装“友善、轻松、愉快”，其实你很想说出内心的想法。

◇男人送你礼物时，假装不在乎，其实你觉得感动和感谢。

硬撑的意思就是：

◇硬撑着不说和真正的你有关的事情，就算对方问了也不说。

◇硬撑着不流露自己的情感，就算对方已经流露出他的情意。

◇硬撑着不说自己的意见。

◇硬撑着不说自己的好恶。

装模作样和硬撑着有什么不对？

1. **你每次装模作样和硬撑着的时候，就是没有坦诚对待对方。**

“恋爱宝典”的整个前提是，你只能在男人面前表现出精心包装的那一面，这样他才不会因为你的个性不合他的意，而“打退堂鼓”，或是被你的生活（过去和现在）吓得“逃之夭夭”。你应该要表现得像他梦寐以求的完美女人的化身，等到套住他之后，才能显露出其他的部分。

这是在用欺骗的方式对待令你倾心的男人。他认为你害羞又安静，不料后来竟发现那只是演戏而已，事实上你是个爱发号施令又能言善辩的人。他以为你是个无忧无虑的人，后来才发现你是个想得太多的人。他以为他喜欢的事情你都喜欢，后来才发现你的意见和好恶与他迥然不同。

如果一个男人在和你交往的最初几个月表现出某个样子，等他“得到”你，而且你已“献身”给他之后，才透露他完全不是你以为的那个样子，这时你作何感想？

我想你会怒气冲天，觉得受骗或被人占了便宜。你会这么想一点也没有错。

2. **你每次装模作样和硬撑着的时候，就是没有坦诚对待自己。**

当你不是你自己的时候，就是不尊重自己。这就像在对你的灵魂说：“我以你的一切为耻，所以我要把你藏起来，直到我使这个男人上钩为止。到那个时候，我才会把你从密室里放出来。”

背叛自我，或许可以暂时得到一个男人的爱，但是绝对得不到你自己的爱。

3. **你每次装模作样和硬撑着的时候，就无法放松自己。**

当你使用“恋爱宝典”时，会抑制你自发性的动作，改变表达意见的能力；强迫自己装腔作势，那样你是无法放松的。你无法真正进入状态，享受和对方在一起的时刻，因为你忙着监看自己的表现。

想一想某件你很喜欢做的事情：跳舞、唱歌、做运动、写诗等。如果我告诉你，明天有一个小时你必须做某项活动，但是必须遵守一套非常严格的规则，而且别人会依据结果给你打分时，我敢打赌你做那项活动的兴致绝对高不到哪里去。

到了该参加这个活动时，你觉得你会做得很开心吗？可能不会吧。反之，你会全身紧绷、紧张、害怕，因为你担心自己没有做“对”。

如果我请你明天做同一个活动一小时，但是完全不用担心有没有做“对”时，你会有什么感觉？我敢说你会全身放松、创意源源不绝，而且会有十分抢眼的表现。

同样的原则也适用于约会。如果你必须在心里默数到5，才答应对方提出的约会，免得让他觉得你迫不及待，这样能自然到哪里去？

如果你忙着计算打电话时间的长短，以免超过“恋爱宝典”“规定”的10分钟，你可能放松吗？

绞尽脑汁在首次约会时让自己记住不要显得太喜欢对方，不要看他的眼睛，而是要注视自己的餐巾，最多只能与他相处两三个小时，不能提到你以前结过婚，不能直接回答有关个人的问题，不能不赞同他说的任何事情，不能提出自己的意见，而且要唯他马首是瞻……

这样你还能够不焦虑吗？

我不知道你会如何，换成是我要记住那么多事，我肯定会神经紧张！

4. **你每次装模作样和硬撑着的时候，就无法信任你得到的爱情**。

这可能是你自然流露本性最重要的论点。没有比彼此的关系亲密，却对对方的爱没有安全感来得更加糟糕的事。

如果你知道自己在装模作样，如何能信任对方的爱？如果你隐藏真实的自我，又怎能相信他爱的是真正的你？你不能，也不会相信。

流露本性才能吸引到和你最速配的男人

记住，**真爱秘密不只是要教你如何找到男人，还会教你找到适合的男人**。为了找到适合你的男人，你必须流露自己的本性，然后看他有何反应。

例如，如果你是个非常重视灵性或是信仰虔诚的人，想要找个价值观相同的伴侣，就要自然流露出你的本性，并且在一开始与男人的几次互动中，就让他知道你个性里的这个部分。

如果他约你出去，那天晚上你正好要到教会当义工而分身乏术，或是要去上瑜伽课或静坐课程，就坦白告诉他。不要只是说："对不起，我很忙。"他的反应会是以下三者之一。

1. 被浇了一头冷水，觉得你很奇怪。在这种情况下，你已经删除了一个不合拍的对象。

2. 他可能没有什么特别的感觉，继续和你交往。

3. 他可能会对你在做的事情很感兴趣，或者甚至向你透露他也是个非常重视灵性或信仰虔诚的人。这样一来，你们的关系就会更进一层，而且感情会发展得更快。

忍到第四五天才说，结果发现他是个喜欢冷嘲热讽的无神论者，或是个认为静坐是逃避现实世界的人才会做的事，那又有什么意义？越早知道彼此合不合拍越好（请看**秘密7**，了解更多方法）。

自然流露本性，让他爱上最真实的你

从女人的角度去爱自己，意思就是允许自己自然流露本性，并且知道如果男人不喜欢真正的你，他就不适合你。

事实上，**自然流露本性是你为了吸引适合对象所做的最有效的事情之一**。这一点要如何发挥功用？你越真实地做自己，就会越放松、越自然。你猜接下来会发生什么事？你越自然、越放松，适合你的男人在你身边就会觉得越自然、越放松，到最后甚至没有你，他就活不下去！

你是独一无二的，是绝无仅有的，全世界再没有另一个女人和你一模一样。这是你最大的特色——你的独特性。自然流露本性，你就找遍天下无敌手。

为你是你而感到庆幸，让你的个性发光发热，当与你天造地设的那个理想男人找到你时，他爱的就会是你的真实本性，而且会觉得上帝是特别为了他而创造出你。

喜欢他，
就要让他知道

我在写**秘密**6时，决定去问许多男人，他们觉得女人喜欢某个男人时，应不应该让对方知道。以下是其中一部分男人异口同声的回答：

“如果她不让我知道她喜欢我的话，那最好就算了，因为我不会准备追求她的。”

“我很害羞，所以如果女人不让我知道她喜欢我的话，我可能永远鼓不起勇气跟她说话。”

“我喜欢对等的关系。如果她喜欢我，就应该让我知道，就像我若喜欢她，应该让她知道一样。”

“这么说吧，如果一个女的不让我知道她喜欢我的话，我怎么会和她有任何瓜葛？”

“我听不懂这个问题。我怎么会想要和一个不喜欢我的人在一起？”

最后一个回答我最喜欢，因为一语道破**秘密**6的全部前提——**如果你表现出一副不喜欢某个男子的样子，他又怎么会想要和你在一起？**

假设你因为朋友的关系，认识了一个男人，你很喜欢他。因为有共同朋友的缘故，所以你们两人常常可以见到对方。你想要约他出去，但决定遵照“恋爱宝典”来做。

“恋爱宝典”说：“不要先跟男人说话。”你也不应该看着他、对他笑，或是露出看上他的样子。那么，这个男的到底要如何才能知道你喜欢他？当你完全不显露蛛丝马迹时，你认为他应该如何鼓起勇气约你出去，才不会害自己表错情和吃闭门羹呢？

相信我的话，没有一个“头脑正常”的男人会这么认为：

“嗯，她一句话也不对我说，连正眼也不瞧我一眼，我想办法引起她的注意时，她连理也不理我……**我懂了，我要约她出来！**”

当你对“芳心所属”的男人装出一副对他无动于衷的态度时，你也是在害自己失望。除非他有特异功能，能够看穿你的心思，否则你怎么会以为他可以知道你在意他呢？然后，当他不接近你，也不打电话给你时，你的心情就坠到了谷底，然后得出一个结论：“我猜是我不吸引他吧。”

大错特错，是你自己完全不动声色，不给他任何提示的！

多给心仪的对象一些暗示

当一个男人表现出喜欢你的样子时，难道你不会觉得很愉快吗？倘若他对你露出温馨的笑容、说一句赞美你的话，或是让你知道他真心喜欢你，你难道不会自信倍增、感觉自己的心在飞扬吗？你难道不会因为现在比较能放心告诉对方你的情意，而采取下一步吗？

当然是这样！那你又凭什么要剥夺让你的心如小鹿乱撞的这个男人同样的感觉呢？（记住**秘密1：你希望男人怎么待你，你就怎么待他**。）

与一般想法相反的是，男人也是人。他们需要的爱和认可并不亚于你。他们就和你一样害怕碰一鼻子灰。或许男人比女人更不喜欢没有把事情做对或看起来很狼狈，所以他们会避免处于任何自觉会失败的情况里。心思越敏感的男人，越是如此。

换句话说，你在寻寻觅觅的那一类型的男人可能永远不会主动靠近你，除非你给对方某种有利的机会——一个笑容、一句友善的话、在他讲话时投以兴味浓厚的眼神……总之就是**某种暗示**。

如果你知道有多少外表有权有势、功成名就、自信满满的男人，私底下却非常害羞，你肯定会跌破一地眼镜。他们对被拒绝怕得要命，所以完全不接近女色。我认识的黄金单身汉中，有些人就只是在等适合的美眉给他们一点小小的鼓励而已。

我说的不是无论男人对你的态度如何，你都应该拼命放电、投怀送抱、紧紧握住他的手臂不放、说一些暗示性的话，然后把自己送到他的住处。那不是在显示你的情意，而是惹人厌和神经迟钝。

不过，你可以无伤大雅地给他一些适当的提示，告诉他你想要多了解他一点。如果试了几次，他还没有反应，就别再理会这个人了。这么做你会有什么损失吗？并没有！你只是肯定了另一个人，让他知道你喜欢有他在身旁。你送出一点温暖和爱，爱是绝对不会浪费的，就算你只表达出一下下而已。

可以约你喜欢的人出来吗？有什么不可以？

1. 如果他是适合你的对象，他会有受宠若惊和兴奋的感觉，而且他可能也会坦白地告诉你，他早就想约你出来了。

2. 如果他不是适合你的对象，他会让你知道他与你并不来电，这样一来，你就用不着连续好几个月都对他朝思暮想。你已经知道结果，就可以恢复你原来的生活了。

3. 如果他是奉行“恋爱宝典”的男人，他就会兴趣全失，心想：“在她行为举止那么放肆和积极以前，我是喜欢她的。应该当男人的是我才对……”（摆脱这种极端守旧的人是件好事。）

在考虑展开恋情时，要运用常识。约男人出来或约会之后，对方根本没有打电话给你，就别再打电话给他，因为他显然对你没什么兴趣。**让某人知道你喜欢他，与太急躁进展的不当做法之间，有很大的差异**。

装模作样只会吸引不适合的男人

切记，装出一副可望而不可即的样子，的确会吸引某些男人，只可惜是不适合你的男人。我们已经讨论过，如果你表现出一副不喜欢对方的样子时，会追求你的多半是那些不健康的男人（**秘密**3）。

◇自我评价低的男人，认为他们理应受到这样的对待，好像他们配不上你似的。

◇不是自由身的男人（有妇之夫、害怕给你承诺），而且他会认为你“很安全”，毕竟你并没有那么喜欢他（请看**秘密**8）。

◇老派的男人，会因为捕猎追逐而感到兴奋，想要征服你。

◇蠢笨迟钝的男人，不懂你要他走开一点的暗示，他就是不懂。

你不会想要这种男人在你的生命里出现，所以又何必把饵放出去，摆出一副高高在上的模样，然后奇怪自己为什么老是吸引那些讨人厌的蜂蝶呢？

依随你心去面对喜欢的人

最后一个提醒：如果你认为在男女关系中采取主动，先开口和男生讲话，甚至开口约他出来，这段感情注定不会有结果，这完全是谬论。

如果对方真心爱你，想要和你牵手一辈子，他才不会在求婚之前，对他自己说："等一下……4年前不是她先开口约我去喝咖啡的吗？天哪，幸好我想起来了。我不能娶她，我要把这枚订婚戒指退回去……"

所以，**如果你看到喜欢的人，就要顺着自己的心去做**：对他微笑，夸赞他的衬衫好看，告诉他你很高兴见到他。接下来会发生什么事，就等着瞧吧。谁知道呢？

20年后，当别人问起你的老公，你们两个是怎么认识的，他说不定会说："我们在排队买咖啡时，她对我微笑，我立刻就爱上她了！"

投入太多感情之前，先问清楚

你会在不问清楚租金、房子里有哪些设施、房东愿意做哪些改善前，就先租下房子吗？

你会在不问业务员音响有什么特色、有哪些保修之前，就先把音响买回家吗？

你会在不问旅行社旅馆的价格、有没有游泳池、旅馆的等级为何之前，就贸然先为即将到来的假期预订旅馆吗？

当然不会嘛，因为你不想犯错。那你为什么会不先向对方问得一清二楚，确定自己不会看走眼，就贸然地投入感情呢？

“恋爱宝典”警告你，切勿在头几次约会时就问东问西，老天爷禁止你看起来像是“包打听”的；再说，你总不至于想把对方吓跑吧？

以上的这些话根本是胡说八道。事实上，正好相反才对。

了解对方多一点，心碎少一点

你应该在前几次约会就把问题丢向对方，这样才能帮助你决定要不要继续交往下去。干吗要等到坠入情网，甚至“激情”过后，才发现对方的庐山真面目?

对他有一番彻底了解的最佳时机，当然是在你让他**打出全垒“之前”**，而且是在你让他**走进你心房“以前”**。

我知道你在想什么——问东问西的实在太不浪漫了，太煞风景，让人扫兴，会浇灭激情。

你猜怎么着？4个月后才发现他仍与前女友劈腿，照样浪漫不起来。等你失身于他之后，才发现他信奉“开放的关系”，而且还和拉拉队的一半队员上过床，同样煞风景。等你们同住在一个屋檐下之后，才发现他每天中午以前便已经灌下3罐啤酒，也同样会破坏一切。

另外一个为什么不问新男友更多问题的原因，就是我们不想知道答案!

当你按照“恋爱宝典”的思维行事时，你的目标是找到一个男人，把自己嫁出去。你想要谈恋爱，不想说服自己离开某人。

于是当你和一个外表帅气的家伙约会，性的吸引力已经到达沸点时，你应该不会有兴趣想知道任何可能把他淘汰出局的事情！

在爱情方面，置之不理并非福气。**你不知道的事情可能使你受到伤害**。你对某人知道得越多，越能够判断此人是否值得托付终身。你知道得越少，越可能害自己生气、失望、心碎。

这些年来，有太多女性找我做咨询时，告诉我关于男人伤害她们的可怜、痛苦的故事。大部分美眉原本是可以避免让自己心碎，防止这些事情发生的，只要她们在付出太多感情之前，多问几个问题就好。

7个问题，确定他是不是你的真命天子

有哪些方面的问题是你应该要问对方，以便确定他是适合你的人呢？

◇家庭背景以及家庭关系的品质。

◇过去谈的恋爱和分手的原因。

◇从生活中学习到的经验。

◇伦理观念、价值观以及道德观。

◇对爱情、承诺、沟通的观念。

◇灵性的或宗教的观点。

◇个人和事业的目标。

你会注意到，我并没有把他喜欢哪支篮球队、看什么电视节目，或是喜欢去哪些餐馆这类的事包括在内。虽然这些话题可能自然出现在你们的谈话中，但却无益于你真正想知道的事情，也就是——这个人到底是什么样的人。

我不是要你带着纸和笔去赴第一次约会，然后说："比尔，在我们谈任何事情之前，我有25个与你有关的问题要问你。"你不应该拷问男人这些事情，你甚至不应该让人感觉像是你在对他进行身家调查。

反之，**要把你的问题技巧地插入正常的谈话中**。有个让你顺其自然发问的方式，就是在你说出自己的事情，或是在你或他对某件事发表意见后，顺便带出这些问题。以下的例子可以帮你理出一些头绪。你自己的谈话因为有真实生活经验做基础，会比这些例子自然许多。

◇ 家庭背景以及家庭关系的品质

"这是我们第一次约会，所以我要告诉你一些关于自己的事情。我是在密苏里州的一座农场长大的，我爸爸卖电脑软件。我猜你会说我妈妈是个传统的家庭主妇吧？不过现在孩子们长大了，她就要回到学校教书，我认为这样很好。那你们家是什么情形呢？"

◇过去谈恋爱和分手的原因

"吉尔告诉我，你以前和她妹妹交往。你们是认真地交往吗？"或者"很高兴跟你出来，史蒂夫。我一直忙着考研究生，所以有好几个月都不太想约会。你以前是怎么在读法学院和约会之间取得平衡的？”

◇从生活中学习到的经验

“你提到过，你是和从高中起就认识的人结婚的，婚后没几年就投入海军。现在回头去看那段感情，你有什么感觉？像我在回想高中谈恋爱时，就明白当时的我只是设法得到在家里得不到的爱而已。”

◇伦理观念、价值观以及道德观

“你知道，我刚到这家广告公司上班，我发现当我不担心别人的看法时，就会比较有创意。我忽然明白我是唯一牵制自己的人。你有没有这种体会？”

◇ 对爱情、承诺、沟通的观念

“裘伊，我想知道你的看法。我的一个朋友正考虑和交往两年的男朋友分手，因为他说虽然爱她，却没打算与她结婚。我不知道要怎么对她说，我的意思是，我不是男生，所以不知道这是借口，还是真心话。你认为她该怎么做？你觉得她的男朋友可能是怎么想的？”

◇灵性的或宗教的观点

“你有没有看那部新电影，就是有个天使搬去与一对夫妇同住？真是可爱极了。老实说，我很喜欢那一类的东西。我猜你可以说我是个很重视灵性的人。你觉得呢？你相信有更高的力量吗，就是我们肉眼看不到的东西？”

◇个人和事业的目标

“你在航空公司的工作听起来挺有意思的。你觉得你会一直做下去，还是会往另一个方向发展？”

假设在问这些问题的过程中，你注意到对方变得有点不自在、顾左右而言他，或是转换话题，该怎么办？如果你不确定自己的解读是否正确，不妨老实对他说你的观察是什么。（**秘密14**）

“吉姆，我问你家里的事情，是不是会让你觉得不舒服？”或者“你的口气听起来好像不太想谈你的前女友，是不是这样？”这一来就给了他机会去解释被你戳破的事情，说不定他的确想讨论这件事，只是觉得有一点紧张罢了。

不过，如果他证实你的观察没错，对，他不想谈这个话题，那就尊重他的要求。等你回到家以后，可就要好好想一想他的反应，然后问问自己这个人适不适合你。

一旦开始实践**秘密7**，你就会惊讶地发现，自己会在很短的时间里对一个人有多少了解。当然，唯有你说出自己在这方面的事情才算公平，这样他也可以确定你是适合的对象。

尽量多了解一个男人，然后决定你要不要与他进一步交往，而且只和他一个人认真交往，这岂非美事一桩？真爱秘密就是好在这里啊！

不与不是完全自由之身的男人交往

每一个女人对自己的梦中情人都有一大串条件：身高、身体状况、兴趣、对待自己的方式、生活状况、爱情形态。然而，有一项是我们始终忘记列入的条件，而这一点才是最重要的：

你的梦中情人必须是完全的自由之身！

除非你生性喜欢自我毁灭，否则这个条件就不只是你想在男人身上发现的可取特质而已，它应该是一个绝对的、固定不变的条件。

你心里可能这么想："哦，我已经知道这一条真爱秘密了。"不过，老实说吧，你有多少次爱上一个男人，结果却发现他只是部分自由，有时有空、有时没空，完全取决于他的前女友是不是在，或是他很快就会自由了——“很快”的意思，是像他决定告诉他妻子关于你的存在一样的快吗?

在我的书《向芭芭拉取经：100个关于爱、性与恋爱关系的必答题》（*ASK BARBARA：The 100 Most-Asked Questions About Love，Sex and Relationships*）中，我界定了“自由之身”这四个字的真正含义，因为有些人喜欢曲解它的意思，而不是把自己真心喜欢的人剔除。

自由之身：可以毫无羁绊地和你在一起，和其他女人没有任何瓜葛，没有结婚，没有和别人订婚，没有固定的女朋友，没有和另一个女的搞男女关系，单身……完完全全都是你的。

下面这些都不是自由之身的定义：

和别人在一起，但保证很快就会离开她。

和别人在一起，但他并不是真心爱她。

和别人在一起，但他们已没有性关系。

和别人在一起，但他说那是为了孩子而没有分手。

和别人在一起，但她知道有你的存在，而且她可以睁一只眼闭一只眼。

和别人在一起，而且他不会离开她，但也要你在他身边。

刚和别人分手，但可能会回到她身边。

换言之，**要远离已婚或有女朋友的男人**。

只与完全属于你的男人交往

有一个简单的方法可以避免这些痛苦或感情受创的情况，就是在第一次与某个男人约会时，就遵循**秘密**8。意思就是，**早在你接受对方的约会之前，就要先了解他的男女关系状态**。

怎么做？直接开口问。假如你有任何怀疑，就在和他约会之前，从彼此共同的朋友那儿着手了解，或是延后正式约会的时间，和对方多聊几次电话，在电话中可以多问几个问题。

如果你询问对方有没有女朋友时，对方闪烁其词，或是约会了几次之后，你强烈怀疑他对你有所隐瞒的话，要怎么办？那就立刻停止和他约会，如果他不厘清你的疑虑，就别再理他。你大可以和一个完全属于你的男人交往！

找一个
人品好的男人

这种情况有可能发生在你身上：

你是单身，不是很认真地和一个你喜欢的人约会，一切进展得很顺利。现在，你必须决定是否要与这个交往对象成为一对一的男女朋友。你知道这个人想要和你固定下来，而你长久以来也一直想要找个男朋友，可是你并不确定他就是你想要的人。你需要多一点时间，多交往一下，多与对方聊一聊，才能更了解他。

想到这个行动计划，就让你感到有一点小小的焦虑。你在纳闷："我怎么知道他适不适合我？""我应该要找的是什么样的人？"

人品好是好姻缘的基础

秘密9就是这个两难问题的答案：找一个人品好的男人。为什么？因为**人品是你想要牵手走一生的伴侣最重要的品质**。

人品是什么？就是一个人内在自我的展现；是他主张的一切，他奉行的价值观，形成他行为的道德观。一个人的人品决定了他会如何对待自己，如何对待你，以及有朝一日他会如何对待你们的子女。基于这个理由，人品好是好姻缘的基础。

一个人的人品与他的个性有什么不同？个性是一个人向世人呈现自己的方式，是他表现外在的样子。可是**个性好未必表示人品佳**。

你难道不曾认识一些个性有趣而心地并不是非常好的人吗？

你难道不曾认识外表有迷人魅力的男人，后来却发现他只是个骗子且人格卑劣吗？

事实上，有些人煞费苦心地培养令人留下好印象的个性，其目的只是掩饰自己人品上的缺陷。

人品是一个人内在的本质。它可能不会像个性那么明显地表现出来，却更真实地反映出一个人的本性。若用蛋糕来比喻两者的关系，那么，个性就像是奶油，而人品就是蛋糕本身。

都是“恋爱宝典”惹的错

大部分人在运用“恋爱宝典”时，会犯以下两种错误：

1. **注重对方的个性特质，却没有去了解他的人品**。

你认识一个男人，而且很高兴得知他喜欢旅行，非常有幽默感、健谈、温柔亲切。“他可能就是我的真命天子！”你这么告诉自己。

可是你想想看，你对这个人的人品到底知道多少？你们有没有做过慎重的讨论，让你知道他的内心是什么样的人？你有没有注意观察显示他人品的迹象？可能没有。你只是任由自己受他的个性迷惑罢了。

万一你们交往9个月后，才发现这是个喜欢玩乐的人，做事喜欢拖拖拉拉，想要运用他的魅力为生活找出路，而且债台高筑。你心里会想：“可是他对我那么体贴，而且人又风趣。”

你说得没错，他很风趣，可是风趣并不会使他成为好老公，但是人品会。

2. **把目标定在从对方那儿取得承诺，却没有确定他的人品好不好**。

记住——“恋爱宝典”的目标是找个男人娶你，而且希望越早越好。

如果这是你重视的事，你就只会寻找显示他想承诺或他不想承诺的迹象。每一天都变成："他有没有打电话给我？他有没有跟我说爱我？他有没有建议我去见他的父母？他有没有计划去旅行？他有没有暗示我们的未来？"

当你忙着问自己他对你有什么感觉时，你就忘了问自己你对他有什么感觉："上一次谈话的时候，我的感觉如何？我喜欢他对待别人的方式吗？他有没有尊重我的意见和在意的事？当我生气时，他回应我的方式，我是不是认同？"

比起求婚，求婚者是谁更为重要

我希望你可以看出寻找承诺，以及寻找和你速配的男人之间的差异；寻找承诺会使你看不见男人的人品。

让我来告诉你一个故事。

有个女人拼命想要在25岁以前把自己嫁掉。她认识一个男人后，在这段关系里全盘按照"恋爱宝典"去做，她用尽心机，故弄玄虚，让他掌控一切。她甚至偷偷做了一张图表，上面标示她要得到某些承诺的日期。

1个月以内要发展到一对一的交往，4个月以内要他说出"我爱你"，6个月要他求婚，1年后要结婚。

她注重的只是能不能达到目标的最后“期限”。

当然，交往5个半月后，他求婚了，两人走上红毯；婚后一年之内，她怀孕，两人很快就有了一个儿子。

我认识她的时候，她已经结婚3年了，但是情况十分凄惨。她得到的结论是，她根本不喜欢她的老公，而且她老公和她认为（或希望）的样子相差十万八千里，她不知道怎么会把自己搞到这种地步。

“这并不难懂，”我告诉这个泪眼汪汪的可怜女子，“你追求的是一个承诺，所以你得到的就是一个承诺。如果你当初追求的是一个人品好的好男人，你在谈恋爱的过程中，应该就会注意完全不同的事情。当时求婚这件事对你的重要性，胜于向你求婚的人是谁。”

发现好男人的6个人品特质

以下是6个要在男人身上寻找的重要人品特质。我在所有的座谈会上都传授这6点，同时一有机会就提醒所有的女士。

1. **成长与改进的承诺**。

如果你发现一个人致力于成长和改进自己，就可以避免婚姻可能面临的最大问题之一——你想要改善婚姻，而他并不想；你尝试和他讨论婚姻的问题，他却拒绝和你谈论。

致力于成长的意思，就是他想要尽可能学习做一个更好的老公和更好的人。你用不着逼他成长，他自己已经在这么做了。

2. **情感的开放性**。

亲密关系的基础，不是建立在共有一个家、同睡一张床、共用一间浴室之上，它的基础是感情的分享。那就是何以在伴侣的人品中寻找情感的开放性如此重要的原因。

他会是关心自己的感受，选择向你表达那些感受的人。你应该感觉到那扇通往他内心的门是开启的，而不是关闭的。

3. **诚实与信赖**。

诚实和值得信赖，对健康的两性关系不可或缺。知道自己可以信赖一个每时每刻对你忠实的男人，会给你很大的安全感。找寻他对自己、对你和对别人诚实的迹象。你会想要尊重他在工作上和个人生活上对待别人的方式。

4. **成熟与责任感**。

人品好表示男人已经成熟，不会有幼稚的举动，或期待你去照顾他。这也表示他是负责的，他对生活里的事情说到做到。

他言出必行，你需要他的时候就会出现，而且说话算话。

5. **自我评价高**。

你的伴侣只能爱你像爱他自己那么多。女人在选择老公时犯的最大错误之一，就是注重他爱我几分以及他如何对待我，而不是他如何对待他自己。

人品好意味着男人对自己和对自己的生活感到满意，而不是动不动就在为自己做的事情道歉。他会照顾自己、自己的身体以及自己的环境。他不允许别人虐待他。

6. **积极生活的态度**。

有一句老话说：“这个世界上只有两种人——积极的人和消极的人。”如果你的下辈子必须和其中一种人生活在一起，你会选择哪一种人？千万要确定你的他不是消极的人，不会永远只把焦点放在问题上，找事情抱怨，愤世嫉俗。

人品好的男人看到这个世界的好，看到你的好，也看到他自己的好，于是你和他在一起时，就会觉得生活十分美好。（顺便要说的是，别忘了自己也要培养同样的人品特质！）

切记：我说的不是个性和恋爱的化学作用不算数，这两者都是重要的，只是不如人品重要。喜欢一个人的外在是重要的，但不要仅止于此，你必须喜欢他的内在更多。

在你深陷情网之前，要及时运用**秘密9**，这么一来，你不只是找到一个男人，更重要的是，找到一个适合你的人。

留心可能有问题的警讯

你想要认识一个男人，然后沉浸在爱河里。

你想要敞开心扉，和他分享内心最私密的想法。

你想要完全投入两人的激情与魔力中。

可是，你又不想要受到伤害。

该如何保护自己？

答案就是**秘密10：留心可能有问题的警讯**。

这是最重要的真爱秘密之一，是你从第一次与一个男人接触、头几次约会以及与他的关系发展越来越密切的时候，都必须提醒自己的。

坠入情网时，心思是盲目的

这也是最难照做的一条。为什么？因为当你认识一个真心喜欢的人或是发现自己坠入爱河时，你只会忙着注意其他事情。

◇生活里终于有一个情人，感觉真好。

◇可以和情人一起做的所有好玩事情。

◇每次想到和他“炒饭”，身体就感到亢奋。

◇决定何时要和他有性行为。

◇决定每次见面时要穿什么衣服。

◇买你觉得他会喜欢的新衣服。

◇想办法找出更多时间和他在一起。

◇注意他对你说的每一件事，他为你做的每一件事，甚至是他让你觉得他很快乐的迹象。

◇幻想你们的未来。

◇买完美的卡片或小礼物给他。你懂这个意思吧，因为你做了，所以我也做了！

问题是：当你把全部心思放在这些活动、思维、观察上时，可能就不会去注意任何不顺利、看起来并不好或是感觉不舒服的地方。毕竟，和朋友去买内衣，为你和男朋友的初夜做准备，远比独自一个人散步，思索他最近有点拉开和你的距离来得有趣多了。

不想看到警讯的理由

我们为什么会忽视警讯？因为我们不想看到警讯！大部分的人在找理由坠入情网或者结婚，而不是找理由把某人淘汰出局。下列情况尤其如此：

◇你形单影只已经很久了。

◇你的生理时钟在拉警报，所以你感觉有时间压力，得去认识适合的对象。

◇这个男人理论上看起来条件好得很（他是医师，多金，长相帅等）。（请看**秘密11**）

◇你的亲友都很喜欢他。

◇你和他已经发生超友谊的关系。（请看**秘密17**）

如果这些论点让你听起来很熟，就应该强迫自己再多注意一点，因为你或许更有可能陷入新恋情的兴奋感之中，而说服自己抛开心中所恐惧的事情。

专心聆听来自内心的声音

注意：警讯其实没有听起来那么困难。你知道在脑袋里对你轻声说话的那个小声音吗？它会告诉你诸如此类的事情：

“你不觉得他今天晚上喝得太多了一点吗？”

“乖乖，你问他关于他家人的时候，他嘴巴闭得可真快啊。”

“你看到没有？他刚才取笑你的朋友，令她感到难过呢。”

“这不是你第三次对他说你爱他了吗？可是他却从来没说过这三个字。”

“这是你的想象，还是他在床第之间真的是太暴力了一点？”

“你有没有注意到他开始批评你很多小地方，还会建议你如何过你的日子？”

“你看，他又这样了！这是他在这个聚会上公然和第三个女的眉来眼去了。”

那个声音设法在告诉你某件事情：**“注意！说不定这是个问题，说不定不是，但无论如何，你还是要注意。我爱你，不愿意你受到伤害。”**

如果你停下来专心聆听这个声音，这就是你内心里的声音。它就像是内在的导引，目的是永远带领你迈向最称心如意的生活。你的经验可能不是听到一个声音，而是一种“感觉”，或是一种“本能”。

反正只要你是女性，你就知道我说的是什么，而且你知道如果忽视那个声音，会有什么后果——你会帮自己找麻烦，害自己受伤害。

记住：大部分时候欺骗你的不是男人，而是你自己。

这是“恋爱宝典”和真爱秘密之间的区别。“恋爱宝典”列出长长一大串不自然的要做和不要做的事，要你照办，目的是要“考验”这个男人是不是真心爱你。

你和对方打电话的时候应该要计时，在接受对方邀约之前要先在心里默数到5，某个时间一到，约会就要喊停，一个星期的某一天之后就不再接受对方约会，避免在谈话时提出某些话题，两人并肩走在路上时要甩开他的手……我的意思是说，得了吧，这些笨方法是看不出这个男人适不适合你的。

真爱秘密说：**自然流露你的本性（秘密5），然后注意（秘密10）他如何反应**。这不是很有道理吗？而且让人轻松得多。

如果你已经在遵守真爱**秘密**1到9，那么你就已经准备好实行**秘密**10了。到目前为止，你对这个男人知道的应该够多，可以在进一步交往之前停下来做一番评估。

要特别提醒一向以看人生光明面和看别人优点自豪的女性：你必须特别努力摘除那副积极乐观的眼镜，尽量诚实客观地评估交往的对象。

否则，你爱上的可能不是真实的他，而是他的潜力（**秘密13**）。

看到警讯时，不要做和要做的事

如果你看到警讯时，要怎么办？不要做以下这些事情。

把重要性降到最低——“他真的没有喝那么多，主要是到周末才喝，再说，也不过是喝啤酒罢了。”

帮他找借口——“我知道他看起来太爱吃醋，占有欲太强，可是他的前妻欺骗过他，所以让他很没有安全感。”

合理化——“他不是真的在放电。因为他是做业务的，所以被训练成很友善的人，尤其是对女人。”

否认——“你是什么意思，你以为他对我不好吗？他对我好得很，没有人比他更爱我了。你只是因为我很幸福，而你自己不幸福，所以嫉妒我罢了。”

遁入幻想的世界——“我知道他真的无法和人亲密，可是我相信等我们订婚以后，这个问题就会消失。”

如果你发现警讯时，应该怎么办？

坦诚和对方沟通你的感觉和担心的事情（**秘密14**）。这么一来，不是这个问题迎刃而解、警讯消失，就是问题并没有解决，无论如何都是展开新生活的时候。

有些警讯可能的意涵

警讯	最后的问题
避免讨论他的过去，规避直接的问题。	可能隐瞒什么重要的事，不想为男女的感情费心思。
不喜欢讨论感情，总是避重就轻。	他不让你进入他的心中。太害怕，不敢真的靠近你。
不透露详细的家庭背景，不太和家人见面或说话。	亲密关系对他而言很难受，可能把对家人的怒气发泄在你身上。
给你的爱和关注多于你想要给他的。	他在乎你多于你在乎他。你们的爱并不是对等的，他永远不会快乐。
给你的爱和关注少于你给他的。	你在乎他多于他对你的在乎。你们的爱并不是对等的，你永远不会快乐。
仍然常常与一个以上的前女友联络，但不会介绍你们认识。	感情上不是自由的，也不会给予承诺。
常常喝酒或嗑药，不喝酒、嗑药，就无法“嘿咻”或觉得无味。	这是一个瘾，尽管他会否认。情绪大起大落是可预期的。

非常紧绷的人，你是他一天24小时生活的重心。	他的占有欲强，又爱吃醋。你会有受控制和窒息感。
他爱拈花惹草，像花蝴蝶一样吸引女人，需要很多的注意。	可能是个爱情骗子。你永远不会有安全感。
对以前的女朋友感到愤怒。把爱情关系里的问题全怪在前女友身上。	你就是下一个！不要担待他应负的责任。
持续有信用问题，债务、财务不稳。	拿出你的支票簿吧！
什么都要管，他是老大，主宰一切。	他这个人有控制癖！你刚开始觉得受宠若惊，但是最后会觉得绑手绑脚。
举止冷酷、冷淡，一直很沉着。有永远不弱的一面。	显示出他在感情上是难以接近的。你精神永远不会放松和有安全感。
想要完全照顾你，像爸爸一样保护你。	他永远会摆个架子。你永远不会觉得自己有能力。他对你就像对小孩一般。
很喜欢“床事”，必须一直做。	他有性瘾。没有这档事就亲密不起来，你会觉得自己被利用（和反感）。

从胸襟气度的大小去衡量男人，而非看皮夹子的厚薄

“芭芭拉，我已经很厌倦了，到后来都会发现约会对象是个混账东西。难道好男人已经绝种了吗？我要如何才能找到他们呢？”

我一个星期少说也得听几十个女人说这种话。告诉你，我是怎么对她们说的——

别再自我设限，只和“理论上的好男人”约会……

别再淘汰男人，只因为他们的条件不“符合你爱情全垒打的预期”……

别再从男人荷包的厚薄来衡量他们，应该改为……

开始找大度、胸襟开阔的男人。

相信我，我明白这件事知易行难。我知道你妈妈是怎么对你说的：

“和有钱人谈恋爱，与和穷光蛋谈恋爱一样容易。”

我知道我们生活在崇拜物质的社会里，大家都太强调外在的财富和成就，而不在乎内在的财富与成就。我知道陪伴你长大的童话故事告诉你，让公主倾心不已，同时把她安置在王宫里，让她从此过着幸福快乐生活的人是英俊的王子，而非马夫。

不要只和“理论上的好男人”约会

可是让我们回到现实吧。现在并不是18世纪或19世纪，那个年代的女性既没有钱，也没有自己的财产，所以被迫依据男人能够给予她的物质安全感而决定嫁给谁，而非对方爱自己几分和自己爱他几分。如今已经是21世纪了，时代已经改变了，谢天谢地。你已经和你的曾曾曾祖母以及在你之前数以百万计的女人不同，你爱嫁给谁就可以嫁给谁！

然而，有些事情并没有改变，尤其是，评估男人仍然是用这些标准：

◇钱财

◇生活方式

◇权力

◇事业

◇声望

太多女人有意识或无意识地在帮男人严格打分。

当一个女人告诉她的女性友人说，她交了一个新的男朋友时，她们的第一反应十之八九是：

“他是做什么的？”

当一个女人和另一个女人见面，发现对方有男朋友或已经结婚时，她可能会问：

“你老公是做什么的？”

我常常听到女人语带抱歉地回答这个问题，好像她们并不认为另一半的职业够体面。“噢，他只是个业务员。”或是，“哦，现在他在一家服装店上班，不过他在上课，想要进入房地产业。”

我们有多少人听过父母或祖父母讨论女人“嫁得好”时，意思不是指她找到关心她、爱她的丈夫，而是她嫁了一个事业有成的人，有体面的工作或是个多金的人。

不要以物质条件为标准去评估男人

最近，我在宴会上听到一位小姐跟几个朋友谈论她正在交往的对象。“他可是打着灯笼都找不到的！”她兴奋地告诉她们。

“他在市区有一幢房子，在北部的乡下还有一间房子。他已经带我去旅行过3次，一次是去亚斯潘，一次去温泉度假中心，一次去墨西哥。你们看，这只手镯是他送我的——钻石和红宝石，我们才交往3个月而已呢。我真的恋爱了。当然，我表面上是不动声色的，不让他知道我真正的感觉。我要把那一刻留到他拿出订婚戒指再说。”

这位小姐说的话，让我浑身不舒服。在我看来，她和高级交际花没有什么两样。我知道这个措辞太激烈，然而你想想看：她预期她的爱情会有报酬，而对方也果真给了她报酬！他付得越多，她给得越多。在我听起来她像是个骗子……

这令我感到悲哀，因为我们女人在历史上一直处于弱势，所以直到现在仍有许多人在找有钱的男人进行性行为，或是找个位居要职和在社会上有地位的老公，或是有部好车和有栋房子的男朋友，让自己觉得值得，而不是从自己的内在去寻找自己的价值。

当然，在帮忙抚养家庭，或者独力负担家庭经济的女人不计其数，可是有同样多的女性过度强调金钱的价值以及男人能提供的声望，同时在这个过程中忽视了发现未来伴侣拥有什么样的心灵。

金钱无法带来快乐，它可以让你的生活过得舒适，但永远无法满足你的心灵。我知道有很多女人让自己受男人的金钱与权力诱惑，结果徒然发现自己陷于空洞可悲的婚姻。这些女人愿意用所有精致的珠宝首饰、昂贵的家具、精心安排的假期，来换取真爱、激情、亲密分享彼此的点点滴滴。

我不是说金钱会使你不快乐，而是，缺乏爱和彼此的默契，光有金钱是不够的。

金钱只能满足一时的虚荣，却无法帮你找到真爱

我有个老朋友总是无法找到适合她的男人。她找不出原因，但是在我看来却显而易见，因为她根本不屑与经济不富裕、生活不光鲜亮丽的男人交往。

她找的是开着豪华汽车、拥有令人艳羡的工作、有昂贵嗜好的男人。任何时候我问她最新恋情的进展时，她总是告诉我他们去哪里用餐或做了什么事情，而不是说她的感觉如何。

这种物质上的刺激持续了几个月，然后无可避免地，她必须面对的现实是那个人无法表达他的感情，或是非常以自我为中心，或是对做承诺这件事怕得要命。她与对方分手后，等了几个星期，当下一个男人开着保时捷跑车来到她身边时，她又重新开始这个循环。

秘密11说：选择对象时若是依据对方能提供给你的物质条件，而非他在感情上能提供给你什么时，最终就会走进错误的关系。

此外，你难道不讨厌男人用胸部的大小来帮你打分？那就不要用他们的收入高低为标准去打他们的分数吧。

口袋多金比不上胸襟广阔

当然，有许多很好的男人不但口袋多金，人还亲切、深情款款。如果你的真爱恰巧也是富豪或有权有势的人，那很好。但我要告诉你一个好消息：

有更多的男人虽然钱不是很多，没有名贵的轿车，也不会做一些让生活刺激的事情，但是他们诚实、值得信赖、忠诚、浪漫、向往结婚生子，而且现在就准备爱你、敬重你，只要你注意到他们，给他们一个机会就好。

的确有一件事是你应该期待男人给你的，但那不是金钱、权力或特权，而是爱。这也是为什么真爱秘密重视的是男人的胸襟气度。

要公平，不要有双重标准

如果说，人生有哪一条定律是身为女性真正应该明白的，那就非真爱**秘密12**莫属。毕竟，女人知道受到不公平待遇的感受。

◇女人占人口的50%，而且所有的工时有2/3是女人在付出，但是她们的收入只有男人的1/10。

◇女人拥有的财产不到全世界的1%。

◇女人与男人同工，但男人赚1元，女人只赚0.69元。

◇美国只有一种行业女人赚的比男人多——娼妓。

这些统计是确切的，但是并不公平。大部分女人不需要研究来告诉我们这一点。我们从本身的经验得知，得付出两倍的心力才能在事业上有所升迁；一旦有权在手、有影响力时，就会被说成咄咄逼人、野心勃勃，而不是被视为领导人，受到崇拜；必须设法打破无形的障碍，才能不限于在“女人的工作”中出类拔萃，而能得到在任何工作上都有优异表现的机会。

有另一个形容词是用来形容对一群人用一套规则，对另一群人用另一套规则，那就是“双重标准”。双重标准不公平，因为不是把生活的规则同等用在所有人身上。

从双重标准衍生的“恋爱宝典”，不仅不公平，也会赶跑适合你的男人

爱情和生活的旧方法，以及从这些旧方法延伸出的“恋爱宝典”，就是根据双重标准而来的，缺乏公平性。举例而言，下列这些“恋爱宝典”可不是我瞎编出来的。

◇做每一件事都要男人付钱——根本不提出两人平均分担费用的做法，即使你的钱比对方还多。

◇绝不迁就对方，即使去接你对他而言非常不方便。

◇不打电话给对方，即使是他打电话给你，并要你回电话给他。

◇不把惹恼或惹怒对方的事情放在心上，因为这只不过表示他拜倒在你的石榴裙下。

◇如果对方没有在你生日或情人节时送上浪漫的礼物，而且最好是珠宝，就不再和他约会。

◇在床笫之间保持冷淡，这样他才不会认为你为他痴狂。

◇对方在你家时，假装同性朋友打来的电话是别的男人打来的，让他妒火中烧。

◇不主动撩拨情欲爱火，因为这么做只会灭了他的雄风。

◇男人害怕失去你时，就会求婚，所以如果你想要他向你求婚，就提出要搬走，或是表现得若即若离，令他难以捉摸。

你觉得这些建议听起来公平吗？听起来合理吗？这些不只是双重标准而已，还是不尊重人、不道德的标准。不妨设想一下，如果对方尝试对你要这些令人憎恶、操弄的招数时，你会有什么感觉？你肯定会希望在刹那之间便走开。那么，你又为什么想要用这种方式对待别人呢？

采取公平的态度对待男人

你在一生当中，有机会可以对人人平等的理想表明立场。怎么做？就是在自己和男人之间的关系上采取公平的态度，不运用任何双重标准。这只需要一点点敏感性和运用一点点常识而已，举例来说。

◇**用公平合理的态度处理两人之间的金钱问题**。为什么一切都要男人埋单，尤其是你们两人都有工作？就算他的钱比你多，偶尔照顾他一下，也是一种爱的表示。

当然，和所有真爱秘密一样，最好的做法就是和对方讨论这个问题，然后取得两人都觉得自在的做法（讨论金钱问题也会使你对他有更多了解，这是额外的收获）。

◇**尊重对方的时间和责任**。首次约会要对方来接你，并没有什么不对，只要你们两人都想要这么做。然而每次都要他特地去接你，就显得太不体谅和自私了。而且，这么做是无礼的。

他为什么就该去接你？是你比他高一等吗？他为什么会考虑娶这么一个不体谅人、以自我为中心的女人当老婆呢？如果你计划去看电影，而他那天刚好在电影院附近有事情要做，那么你就应该到电影院和他碰面才对。适合你的男人会因为你尊重他，而尊重你。

◇**想打电话给对方时就打。如果他打电话给你，看在老天爷的份上，就回他电话吧**。打电话给你约会的对象绝对没有什么不对，除非你每天晚上打电话给他，而他一星期只打一通电话给你，或完全不打电话给你。

如果你实行其他的真爱秘密，**留心警讯（秘密10）和不玩爱情游戏（秘密4）**，那么你打电话去就是适宜的。除非你想要看起来食古不化、没有礼貌，否则就赶快回他电话。如果一个男人对你打去的电话置之不理，你作何感想……

我想你懂我的意思了。你希望他怎么待你，你就怎么待他（**秘密1**）。如果你曾经心动，想要投向"恋爱宝典"（好比说如果你生日时，他没有送上珠宝首饰），就停下来，想一想双重标准的另一面（如果你没有把身体献给他的话，他就应该离开你）。那会在瞬间把你拉回现实，这时你就可以试试真爱秘密了！

别和男人的潜力谈恋爱

女人拥有最棒的天赋之一，就是看到事情的潜力、无中生有的本事。

你和朋友走进一间空荡荡的公寓，朋友正在考虑要不要租下这间房子，而你已经可以清清楚楚地想象他如何把这里布置得温馨宜人的画面。你发现有3个朋友在半小时内要到家里来吃晚餐，于是你把碗橱和冰箱里所有的东西凑在一起，变出一顿美味可口的晚餐。临时受邀参加一场婚礼，你便用一些配件和首饰，把平淡无奇的黑色洋装打理得让人眼前为之一亮。

这种特质运用在招待客人或室内设计时是非常棒的，然而用在你的爱情上却是非常危险的。我把它称为**“和男人的潜力谈恋爱”**。

别爱上需要“加工”的男人

你知道那是怎么一回事的。你认识一个看起来非常好的人，你很喜欢他，可是，不久你便发现他是“需要翻修的老房子”，他需要很多加工，才会变成你想嫁的那种男人。

也许他对你而言太安静、太害羞，可是你相信，他的内心深处有一个很有力量且能言善辩的人想要破茧而出。

或许他还没有从上一次情伤中复原，尚未准备把他的心交给你，可是你就是知道，他会慢慢地学会信任你，重新付出他的爱。

也许他是个心灰意冷的音乐家，事业毫无发展，但是你肯定他总会功成名就，只要遇到慧眼独具的伯乐就好。

问题是，你爱的不是真正的他——**你爱的是你希望他有朝一日会摇身变成的那个人**。

当然，谁会成为那个背后的推手，帮助他变成那个你知道他会成为的人？那还用说吗，当然是你啊！

你会是他的拉拉队员、他的英雄、他的救世主、他的灵感来源。你暗自想：“他只是需要有人相信他，而那个人就是我。我的爱会使他复原，而且，会使他成为他注定会成为的那个样子。”

这样对吗？错！

切莫落入治疗式的恋情里

另一个爱上对方潜力的形式，是接近“感情上救赎的使命”。

你发现某人看起来好像受了伤、脆弱、没人爱，你觉得受到难以抗拒的吸引，要去关心那个人。他心生感激，于是你觉得自己的情操实在是高尚极了。

不知不觉中，你就进入一段看起来比较像是治疗的恋情，而非健康平衡的爱情。一旦你和对方有了感情，就真的很难在没有强烈罪恶感的情况下离开他，或是离开对方而没有遗弃他的感觉。

这些剧情有哪里不对劲？有以下几个方面。

1. **当你爱上的是对方的潜力时，就不是把对方视为一个人，而是把他视为一个个案**。

他是你“待完成”清单上的目标……星期二：修复吉姆。

2. **他并没有要求你帮助他、修复他或救援他**。

事实上，说不定他根本不想要改变。当你爱上一个人的潜力时，你只是把自己定位为他的母亲、老师、治疗师，而不是他的情人。

3. **你可能最后浪费很多时间和不适合的人在一起**。

当你爱上一个人的潜力时，你们的感情是奠基于你一厢情愿地认为他会改变、敞开心扉、找一份工作、停止酗酒或是治疗他的痛苦。

除非你的男朋友明确地告诉你，他正在采取积极的步骤进行你所希望的改变，而且你也看到了这些做法的结果，否则你只是在白白浪费时间。

留在这段不适合的恋情里，对你不公平，对他也不公平。

不要以男人的“投资特性”而选择他

秘密13说：男人不是像绘画或古董之类的物品，所以不要以一个男人的“投资特性”而选择他。

如果你和某人开始谈感情的话，务必确定你是因为他现在的样子而爱他、尊重他、喜欢他的陪伴，并不是爱他以后你希望成为的样子。

你喜欢看到他的成长，这一点无妨，但是他应该现在就适合你才行。

第三部分

与男人交流互动的真爱秘密

Part 3

有效的沟通永远是以坦诚为基础的。当你没有诚实面对自己的感受时，彼此的关系就会被搞砸、不愉快、变得复杂。

坦诚面对自己的感情

读完了所有找到适合对象的真爱秘密，例如：**不玩爱情游戏（秘密4）**；**自然流露本性（秘密5）**；**喜欢他，就要让他知道（秘密6）**；**要公平，不要有双重标准（秘密12）**。这一条关于沟通的真爱秘密对你而言，应该就不是什么令你惊讶的事了。**坦诚面对自己的感情（秘密14）**。

相信我，我花了好多好多年研究男女之间的沟通，针对这个主题，在课堂上和座谈会上传授，并与数以千计的情侣、夫妇进行个别咨询，最后总是得到同样的结论：有效的沟通永远是以坦诚为基础的。当你没有诚实面对自己的感受时，彼此的关系就会被搞砸、不愉快、变得复杂。

这就是我对“恋爱宝典”最有意见的地方之一，因为“恋爱宝典”依据的是感情上的不诚实——作态、假装、有所隐瞒，甚至说谎。

感情要坦诚，也要结合常识

真爱秘密说，你应该永远坦诚面对自己的感情，我称之为“感情上的坦诚”。当然，你的坦诚必须结合常识。

举例来说，坦诚不是要你在派对上走向一个以前从来没有交谈过的男人，对他说：“对不起，我只是想要在感情上坦诚，让你知道你穿这件牛仔裤臀部很好看，让我想要把你拖进房间，让你达到高潮。”这可就远远、远远超过坦诚的范围了！

我所谓感情上的坦诚，指的是你可以在亲密关系发展的不同阶段，向对方或不向对方表达的感受。

感情上坦诚的好处与不坦诚的坏处

1. 感情上的坦诚会产生亲密感。

你是否曾经跟别人进行过彼此都很坦诚的对话呢？谈完话后你的感觉如何？更亲密了吧。那是因为感情上的坦诚会立刻产生亲密感。

坦诚会在你和对方的内心之间筑起一座桥梁，而且仿佛开启了通往你内心的那扇门，让对方感觉到真实的你。

你在感情上要对什么诚实？就是任何对你而言是真实的事情。

举例来说，如果对方打电话给你，而你接到电话很开心，就实话实说："很高兴你打电话来。"如果他约你出去，而你很兴奋，就说："真的很期待能多了解你一点。"如果你们晚餐时聊得很愉快，就说："跟你聊得很开心——我很喜欢你的想法！"

记住，在感情上坦诚，会比按照"恋爱宝典"去说些让自己显得高不可攀之类的话要简单得多。

如果没有在感情上坦诚面对正在交往的对象，就会发现彼此的关系停留在表面，从来没有真正深入到比较认真对待的程度。

你们分享的越多，越能感受到那种亲密的感觉，也越有可能共创未来。

2. **感情上的诚实，会允许对方向你敞开心扉。**

当你在感情上坦诚面对对方，就是允许他在感情上对你坦诚。这一来他会比较放心地说出心里的话，而吐露心声一向是许多男人不擅长的事。

如果对方感觉到你有所隐瞒，他的戒心也会提高；如果他感受不到你的坦诚，就算他有心更进一步，也无法对你畅所欲言。

当你按照**秘密**14吐露你的心声后，他对你的信赖感提高，心墙自然就会瓦解。

何必非要等他成为第一个打开那扇门的人？你可能会一直在等。

记住，大部分（并非全部）男人在吐露感情时，没有大部分女人那么自在。

所以，坦诚地伸出你的手，不论结果如何，你都不会有损失——适合你的诚实男人永远会因为你感情坦诚而尊重你。

3. 情感上的坦诚，可防止误解破坏你们的感情。

想象一个男人和一个女人交往了一个月，两人都真心喜欢对方，但都在欲擒故纵、若即若离、假装太忙而没有时间常常和对方见面——换句话说，他们在感情上都不坦诚。

她心想：“他显然不是非常喜欢我，我或许不该再和他见面了。”

他心想：“她和我在一起时看起来很冷淡，我敢说我不是她的菜。可能我不该再打电话给她了。”

于是乎这段感情就此画上了句号，而两人都不知道是自己在感情上的不坦诚扼杀了一段可能有发展的真爱。

4. 感情上不坦诚会凸显负面的人格特质。

隐瞒对某人的好感，会使你习惯在感情上对每一个人都不坦诚。你很快就会忘记自己真正的感觉，因为你忙着装模作样。这个社会已经有太多这样的人了。

5. **情感上不坦诚会引来不适合的人。**

记住秘密3：就算你在感情上不坦诚，而且就算你一直隐瞒你的感情，有些男人就是喜欢这种感觉，然而这种男人不会是你想要托付终身的。

"恋爱宝典"愚蠢地警告你说，如果你泄露太多心事，对方就会对你感到"索然无味"，指的就是这种男人。

我的主张是，尽量流露出你的真情吧！像两岁小孩一样需要别人不断给予刺激的人，不会是好丈夫、好男朋友或好的约会对象，所以何必与这种不成熟的笨家伙耗费你的时间？

感情上坦诚是过滤在感情上感到害怕的男人的最佳方法。只要说出心中的话，然后看着他们落荒而逃就好！

下面对比介绍的内容，目的是帮助你灵感泉涌，同时帮助你记住**秘密14**何以是最棒的秘密之一。

好男人讨厌……	好男人喜欢……
你不动声色地测试他，看他是不是你想要的人。	你老实说出你预期的是什么，以及你要的是什么。
你假装不把他放在心上，看他会不会来追求你。	你让他知道你对他的态度，这样他对你们的感情才会有安全感。

你表现出一副对他以及他追你的努力无动于衷的样子。	你告诉他，你对他和对他追你所下的功夫感兴趣。
你表现出一副他对你毫无影响力的样子。	你表达出他让你感觉真好。
你保持距离，让他觉得再和你进一步发展并不安全。	你敞开心扉跟他说实话，这样他才觉得够安全，可以和你更认真一点。

最后一个建议：践行感情上的坦诚时，别忘了**秘密10**：留心可能有问题的警讯。如果你留心每次互动时对方的反应，就会在坦诚相见和适可而止之间拿捏得当，取得很好的平衡。

拿出你最有魅力的特色
——表达你的想法

你最性感、最有魅力的特色是什么？或许你以为是头发、胸脯、双腿、皮肤……可是，你错了，答案是：你的想法。

当一个男人爱上你的心灵时，他爱上的是你的本质、你与众不同之处，也就是女人外表之下的秘密。不妨仔细想一想，若是没有想法的话，你会是什么？是一副由皮肤、头发、骨骼组成的躯体，一个毫无热情、毫无生命的空洞躯壳。

如果没有思想，你就不再是“你”，因为你的思想是这个“你”的源泉。

让男人爱上你的想法，而不只是你的身体

你的想法就像是特快车，带对方深入你的内在，直到他可以感觉到你的内心为止。这就是**秘密**15何以建议你要男人爱上你的想法，而不只是你的身体。毕竟，随着年华老去，身体会不可避免地改变，变得越来越不“理想”。然而，你的内在正好相反，随着年龄渐长，你的思想只会越来越丰富，越来越能够体谅人，越来越有智慧。

你要如何让对方爱上你的想法？你必须实行**秘密**15，表现给他看。你必须用言辞表达出真正的你，这样他才能知道你的内在，并且认为你是有想法的人。你必须提出你的意见，说出你的想法、梦想、见解。你说的这些事情必须能真正反映出你是什么样的人以及你的想法。

这么一来，适合你的那个人就会对你的心灵着迷。你会成为他最好的朋友、他的红粉知己、他想要白头偕老的女人。

流露本性，想说什么就说什么

平时你该跟他谈些什么才好？这个问题本身是不必要的。你应该随心所欲地谈你想谈的事，谈当下任何对你而言是真切的而且重要的

事情。

要记住的是，**自然流露你的本性（秘密5）**。如果你必须每隔5分钟就整理你要说的话，你会很紧绷、没有安全感、忐忑不安，到时候谈这个恋爱肯定会累死你。

说实在的，那不就是你和自己喜欢的男人说话时常常会感到紧张的原因吗？你没有用和平常人说话的方式与他交谈，而是忽然之间压力倍增，就像是说话方式有对错之分。当然，此时的你就无法表现出自己的本性了。

举例来说，假设你是小学一年级的老师，而且很喜欢小朋友。你去约会时，想起当天班上某个小朋友做的事情很可爱。这时请把这件事告诉和你约会的幸运儿，因为这就是你关心的事，而且这就是真正的你。

当然，根据“恋爱宝典”，你不应该说任何可能给他“错误印象”的事情（不论任何事情）。我则是主张，任何你觉得对的事情都可以说，如果因此使这个家伙打退堂鼓，那就再见吧。

隐瞒自己真实感受的“恋爱宝典”，只会阻挡真爱的来临

除此之外，你还有更好的做法吗？你可知道**“恋爱宝典”建议的做法和秘密15完全背道而驰：**约会时，你应该安安静静的，而且要矜持、灵巧、迷人、神秘、“有如一阵夏日轻风”（在我看来，倒比较像是这阵风吹过一个空洞的脑袋）。

你坐在那里，像是神秘而呆板的洋娃娃，对他说的每一件事点头，看起来好像对他的生活感到兴趣盎然，但是绝口不透露你的事情。

如此这般交往数月之后，他发现你的神秘感让他难以抵挡，于是你终于说出你对自己的工作有什么感觉，以及你有多喜欢和孩子们在一起，结果只听到他说："小孩子大部分只是烦人的小鬼头，他们让我毛骨悚然。"

经过一周又一周努力成为他想要的那一类型女子之后，你发现你完全不能与这个人谈论你的工作，更糟糕的是，他讨厌小孩子。

你没有实践**秘密**15，结果是平白浪费自己好几个月的生命。要是你早在第一次约会时就让这个呆瓜知道你的想法，你也能早点发现他的想法，知道他并不适合你，然后立刻结束这件事。

记住真爱秘密的前提：**你的目标是找到适合你的男人，而不是抱着有总比没有好的消极观念**。

隐瞒自己真实的感受、兴趣、意见有什么意义？如果你每说一句话都要字斟句酌，同时努力表现出不是你自己的样子，这个人要从何得知和他坐在一起的人是谁？你又要如何知道他爱的是不是真正的你？你是无从知道的。

万一意见不合要怎么办？如果你的想法可能使你与喜欢的对象有冲突的话，**秘密**15建议你如何处理？你知道我要说的吧：如果他对你说的话或对你的感觉感到不舒服，那又如何？**你生命中该做的事不是让他感到舒服——而是真实地面对自己**。

意见不合时，也要对他坦诚

我们来看一个例子。

你和约会的对象正在讨论两个共同的朋友，而且他们最近才分手。你的男朋友说："鲍伯告诉我，他和茱莉分手后，茱莉很伤心。"

现在，你确定（因为茱莉昨天晚上打电话给你）鲍伯根本不敢当面和茱莉把话说清楚，结束两人历时9个月的恋情，他仅仅是在她的电话录音机上留了信息说要分手！

于是你说："当然，她很难过。说到底，鲍伯是个混球——他只留下一句话说要跟她'切'！我觉得那是很懦弱的做法。茱莉不但觉得被遗弃，也觉得好像他们共同拥有的那些事情对鲍伯都没有意义。"

刹那间，你的男朋友对你大皱眉头，你看得出他不喜欢你的这番说法。"你们女人总是团结力量大，不是吗？"他讽刺地反驳。

好，且让我们暂停这一幕，我要问你：现在话谈到这里，你要如何回应？要记住，你是真心喜欢这个男人，而且想要继续和他交往下去。

可是话说回来，他刚才说的话你又完全不以为然。那么，你该怎么做？

"恋爱宝典"：微笑，慢慢转移这个尴尬的话题，不再说出自己的想法，因为最重要的是，你想要显得“好相处”。

真爱秘密：坦诚回应他刚才说的话，但是不要用敌对的态度或语带批评，让他知道你真正的感觉。

“我从你的语气里听得出来，我说的话让你不开心。我不是刻意攻击鲍伯，而且我一直都很喜欢他这个人。可是我确实觉得他可以多尊重茱莉一点，当面告诉她要分手，就算这种事做起来会让人心里感到害怕。”

现在，你的男朋友和你谈论男女朋友该如何对待彼此，然后你们会更了解彼此，谈话结束后会有更亲近的感觉；或者他觉得越来越难受，并且让你知道他不会改变想法，也不想再谈这件事。

在这种情况下，你要不就是进一步看出他是适合你的对象，要不就是进一步看出他并不适合你。

不喜欢真正的你和你的想法的人，绝对不适合你

秘密15：绝不在价值观上妥协或是字斟句酌地表达自己的意见，以求男人喜欢自己。

当你牺牲自己的诚信时，就失去一点自己，然后有一天你醒来时，

便会不知道自己是谁。如果他真的爱你，他就会爱你的想法，就算他对你的想法并不认同！

同样的原则适用于建议你应该在刚开始交往时，隐瞒自己的兴趣或观念的“恋爱宝典”，以免“把男人吓跑”。

“恋爱宝典”说：如果你在阅读自我帮助的书籍，那么他走过来时，就要把书藏起来。如果你在戒酒，就绝对不要对他提到你曾参加戒酒聚会。如果你曾看过治疗师，也不要说出来。如果你有什么兴趣是你觉得他可能会不喜欢的（天文学、研究《圣经》、打泰拳或其他），在感情发展得比较深一点之前避免提及。

错、错、错。

你应该想谈什么，就谈什么才对。你应该让他知道你的想法和你感兴趣的事，而且我已经说过很多次了（我们可能永远听得不够多），如果他不喜欢真正的你，以及你心里的想法，那么他就不适合你。

找一个爱你内在的男人

我的老公喜欢我的想法，即使他未必总是认同我。我在埋首写书时，根本懒得梳妆打扮或洗头发，可是他照样爱我，因为他爱我的内在。我生病的时候，无法和他谈情说爱或是外出约会，他照样爱我，因为他爱我的心灵。我知道当我年老体衰、青春不在的时候，他依然会爱我，因为他爱我的想法。

你也一样，应该拥有一个爱你内在的男人。记住，女人经过数千年才得到表达意见、陈述好恶、说出心里话的权利。

运用在你之前许许多多女性奋力争取到的这个权利，自豪地对男人说出你的想法。有朝一日，适合你的男人会轻声对你说："我等了一辈子，就是想要遇见一个想法像你这样的女人。"

在感情上要大方，不要小气

如果我对你曾经交往过的所有男人做个调查，问他们下面这个和你有关的问题，你想会有什么结果？

×××（你的名字）是一个“在感情上大方”的女人，还是一个“在感情上小气”的女人？

在你匆匆作答之前，仔细想一想“在感情上大方”的意思是：充分和无拘无束地付出你的爱、赞美、感情、欣赏。

“在感情上小气”则是相反，是指在谈恋爱时保守地、非常有条件地付出你的爱、赞美、感情、欣赏。

在感情上小气的女人，不懂得尊重男人

感情上小气的女人通常是奉行某一种“恋爱宝典”，也就是建议你不要把男人当成需要被尊重的人，而是要赢得的奖品。

事实上，“恋爱宝典”警告你不要在谈恋爱时显得太喜欢对方、太急切、太热衷（就连对老公也一样），并且建议你要表现出一副无动于衷、冷淡、冷漠的模样。

然而，问题来了，当你刻意不给予口头感谢、身体的亲密接触，以及其他传达情意的行为“奖赏”，直到对方追求你、送你喜欢的礼物、证明他是“值得”你赞美的，种种“表现”合宜时，你才像对待哈巴狗似的对待他，而非对待一个人。

你或许不是故意要在感情上小气，然而在你施舍赞美和关怀的言语时，就像是给狗狗的奖赏。你的行为看起来正是如此。

如果你是个在感情上对男人小气的女人，那么了解和练习**秘密**16对你而言很重要。如果你是个感情上大方的女人，你可能心中已经知道**秘密**16是什么了。

还记得**秘密**2的基本要素吗？**男人需要的爱和保证，和你一样多**。嗯，**秘密**16说：不要认为：“哼，我知道男人就是那副德行。”而是**要付诸行动，对你喜欢的男人说出你的感谢**。**在感情上对他要大方**。

显然我不是建议在头一次约会时，就送对方一堆浪漫的卡片，每5分钟就赞美他一次，而且为了一顿晚餐而感谢他25次。这不叫感情上的大方，这是在感情上让对方溺死！一如所有的真爱秘密，**秘密**16根据的是在自然流露本性以及适合当下的表现之间找到的平衡。

表达感谢的话和表现感激的行为，永远不嫌多

以下是把秘密16付诸行动的方法。

1. **用言辞感谢对方**。

女人总是抱怨男人没有用足够的言辞让我们知道他们的感觉，然而许多女人也同样有错，因为我们以为男人不需要听这些话，所以我们在口头上变得很小气。其实男人不但喜欢知道你感谢他们，他们也需要知道这一点，这样才能对你敞开心门。

◇用言语把他做对了的事情告诉他。如果他打电话来说他要晚5分钟到，你要谢谢他的体贴。如果你即将为应征的工作面试，而他说了些鼓励你的话，要谢谢他支持你和了解你的感受。

◇用言语告诉他，你对他的人品有什么看法。如果他没有戒心地

聆听你的意见，你要谢谢他乐意改进自己。如果他在开车时放慢速度让其他车辆插到前面，要说你欣赏他的周到。

◇用言语谢谢他表达出对你的任何看法，或是他对承诺采取的步骤。如果他对你说，你看起来很美，就让他知道他的话让你感觉多愉快。如果他告诉你，要介绍你认识他的至交好友，让你们认识彼此的话，用言语让他知道他这样做，让你感到多么开心。

你用言语表达的感谢越多，就是给对方越多提示他做什么是对的，这样他就可以一直做下去！毕竟，他还有其他的方法可以知道你的好恶。除非你用言语告诉他，他还有方法可以知道他在你们两人之间的关系里表现如何？除非你用言语告诉他。别忘了——

适合你的男人想要让你幸福，而且会感谢你让他知道他在实现自己的目标。

2. **表达出你的谢意。**

如果男人有讨厌的事情，那就是女人的骄纵、不识抬举、不知感恩，还有装出一副男人打来的电话、送的礼物、表现出的体贴和存在，对她们来说都没有什么了不起。

如果你摆出一副他做任何事情都不够好的嘴脸，一个感情健康的男人为什么会想要和你共度一生？他不会想要的。

◇**为他亲切体贴的举止而感谢他**。如果他特地计划在某一个晚上做你喜欢的活动，你要感谢他的体贴。如果他打电话给你，祝你考试顺利或是在工作上做口头报告顺利时，你要谢谢他想到你。

◇**为他给你的物质和感情而感谢他**。如果他带你去听音乐会或是看电影，谢谢他做这样的计划或邀请你当他的嘉宾。如果他送你花，你要真心感谢他，并把花装在最漂亮的花瓶里，放在最显眼的地方。如果他对你表白他的情意，你要谢谢他这么坦率。

◇**投桃报李，用亲切体贴表达你的感激之情**。如果他好几次在约会时特地带你去做你喜欢的活动，不妨计划做一件你知道他喜欢的事情，也让他感到惊喜。如果他非常支持你的事业，并在上班时打电话鼓励你，不妨在一个重要的日子打电话祝他好运。

表达感谢和表现出感激之情，我认为这两种做法应该运用在所有的关系里。然而，当你开始和一个男人发展成亲密关系时，欣赏和感谢尤为重要。切记，男人讨厌感觉自己做得不对，不论“这件事”是什么。这是**秘密**16的秘诀，以及为什么把它奉为圭臬，是快乐的追求和最后订婚的关键：你的男人觉得他在你们的感情里做得越好，他越有信心、越急于许下永恒的承诺！

在感情上大方，让适合你的男人知道你适合他

如果你和大多数女人一样，那么对方欣赏你的每一个地方——从你的衣着最细微之处，到你给他的感觉——你就会爱他。他不视你为理所当然，而告诉你很感谢你为他做的所有事时，你就会爱他。

反之，再没有比自私自利、被宠坏、自恋的男人更可恶的了，他认为你该做的事就是当他的厨娘、女佣、拉拉队员以及24小时随叫随到的性爱工具，对此不但从来不说一个谢字，而且让你觉得从来没有做对过任何一件事情。

我要再次提醒你，这样你才会提醒自己：想要男人怎么待你，就要怎么待他（**秘密**1）。适合你的男人，会因为你是个感情上大方的女人而爱你和尊重你；他在感情上也同样会对你大方。

他心里一定会想："这就是我想娶的那种温柔且愿付出的女人。她是那样地关心别人和观察敏锐，有朝一日一定会是个好妈妈。"

所以要确定实践**秘密**16，和对方分享你在感情上大方的心，让适合你的男人知道你适合他。

第四部分

创造激情和美满性生活的真爱秘密

Part 4

当你与男人结合为一体的时候，不只是与他的形体融合，你是在打开自己，把他的能量和心灵沟通、他的本质接纳到你的身体里。

等到有亲密感情以后，才有亲密性关系

你是否曾经告诉自己，你疯狂地爱上了一个男人，但是和他发生关系以后，才明白你的感觉并不是爱，而是欲。

你是否曾经太早和不适合的男人发生关系，但仍继续和他维持关系，只是为了让这个性爱“合法化”，这样你才不会看起来像个荡妇。

你是否曾经和一个男人上床，但是又气自己竟然跟他有瓜葛，或是你以后根本羞于想起这个人（或是想起来就要呕吐）。

如果以上的问题，有任何一个你的回答是“有”，或是有过类似的经历，可能就是因为你不知道（或忽略）**秘密17：等到有亲密感情以**

后，才有亲密性行为。太早发生性行为是两性关系中最常见和最痛苦的错误之一。

“太早”是指什么？我指的不是某一个时间范围，像是10次约会或是3个月。**秘密**17强调的是，与一个男人发生亲密性行为的这个重要决定，依据的不应该是过了多少时间，而是依据你们两人之间建立了多少真正的亲密感情，合不合得来。

做爱是两个人能和彼此分享的最强烈的体验之一。在最好的状态下，这不但是两个身体的结合，更是心灵的结合。当你与男人结合为一体的时候，不只是与他的形体融合，你是在打开自己，把他的能量和心灵沟通、他的本质接纳到你的身体里。依照与你有亲密性关系者的不同，这个能量可以对你产生很美好的作用，也可以对你产生很不好的影响。

这难道没有说明你曾经以为自己真心喜欢某人，好不容易和他有了一番云雨，而且当时也十分享受，可是几乎是在雨收云散之后，你就发现自己完全不喜欢他？

就好像这股情欲一旦解除之后，你感觉到他这个人真正的能量时，只觉得“恶心”！

培养感情上的亲密关系，避免陷入情欲盲目

我称这个现象为**“情欲盲目”**，也就是在认识某人后，你非常、非

常、非常地受他吸引，并误将这股强烈的性化学反应当成彼此投合。

这种情欲仿佛使你看不见与这个人有关的每一件事，你说服自己，他是你梦想的男人，但事实上，你只是迷恋这个人罢了。

当你终于和他有了肉体关系，且情欲平息之后，你蓦然看到他的真面目……真是让你恶心死了。那就是情欲盲目！

秘密17鼓励你注重培养感情上的亲密关系，而非肉体上的亲密关系，由此帮助你防止自己情欲盲目，防止你接受你不想要的男人能量，防止你陷入不应陷入的男女关系。这就好比是在砌墙壁和天花板之前，要先帮房子打好地基一样。

亲密关系是维持一辈子美好男女关系的基础

可以维持一辈子美好男女关系的基础，就是亲密关系，而非性爱。当然，性爱是婚姻重要的部分，但是没有感情上的承诺和融合，就不足以使这个感情开花结果。

基本的规则是：**尽可能延后发生肉体关系的时间**（注意，我说的不是“抵抗”三星期）。

我的意思是，要等到你确定知道时机对了，要等到你和男伴感觉心连心，等到感觉两人要是不做爱的话就很不自然的时候。

以下是一些我建议付诸实行的条件。

什么时候可以有亲密性关系？

◇**你们在有亲密性关系之前，应该是用理智保持亲密关系**。也就是说，你们彼此聊天与了解对方的时间，应该至少是耳鬓斯磨时间的两倍。你们应该觉得可以讨论，而且可以讨论所有事情。你应该对这段感情培养出良好的、持续一致的沟通。你应该知道与喜欢对方的想法。

◇**你们在有亲密性关系之前，应该先有亲密的感情**。也就是说，你们应该觉得彼此的心紧紧相连，而且有一种与其他人从未有过的亲密感。你们应该用言语说出对彼此的深情，而且最好是“爱”的感觉。你应该真心爱这个人的内心，而不只是他的身体或中看的外表。你应该想要和他的内在发生亲密关系，而不只是他的外表。

◇**你应该真心喜欢这个人**。我要说一句：别跟你不爱的人上床。意思是说，你应该尊重他、他的价值观、他待人的方式、他生活的方式。

◇**你应该和对方讨论过节育、疱疹、艾滋病等性传染病，并且尽可能地知道对方的过去**。你和对方都应该已经检验过有无感染艾滋病毒，并且知道检查结果。

◇**你们应该已经对以后要采取的节育方式达成共识，并且确定采取安全性行为**。你们应该已经讨论过怀孕这件事，以及你们对怀孕的态度，因为这是以后一定会发生的事。

每一个人都有不同的道德观在引导着他做生活中所有的决定。你或许认为婚前性行为是不对的事。或者你可能认为只要你想要，没有什么不可以，而且和任何人做都可以。

我现在无法告诉你对或错，但我可以告诉你的是，照**秘密**17去做，可以确保你不只是和对方发生性关系而已，你们是真正在制造爱；而且随便你在什么时候决定要与男人共享性爱结合的美妙体验，你们两个人的心都会是开放的，因此，做爱（making love）会一如字面上的意思：**在你们之间制造出更多的爱来**。

不要降低自己的格调，做出性对象的举止

我们老实说一件天下所有的女人都知道，只是永远不敢大声承认的事吧：**用自己的性行为去操弄男人是简单到可悲的事**。

这种事完全用不着动脑筋、讲格调或是创意。只要穿件紧身低胸的上衣，套上短到不行的迷你裙，或拉链差一点拉不上去的塑形牛仔裤，再把乳沟挺到他的鼻子下面，然后根据“恋爱宝典”的那套说法，你就引起男人的注意了，不是吗？

可是真爱秘密说：那又如何？如果是用在男人面前“挤奶”的方式才勾起他们的兴趣，那算是什么了不起的成就？那只是像丢一根肥滋滋的大骨头给流浪狗，而当它跑过来吃那根骨头时，你却兴奋地心想：“看到没有，他真的喜欢我！”醒一醒吧，小姐！他喜欢的不是你，而是你的肉!

秘密18:

◇不要降低自己的格调，为了使男人喜欢你而举手投足有如性对象。

◇不要用性来操弄男人，除非你想要被视为性对象。

◇如果你的行为和穿着都像一个性对象的话，就做好别人都会把你视为性对象的心理准备吧。

不做出像性对象的举止，意思是:

◇不对男人乱眨眼睛和不断放电。

◇不站得离男人太近或用身体轻轻触碰他。

◇不喝醉酒并做出愚蠢举动。

◇不扭怩作态和逗弄别人。

◇不说有挑逗意味的话。

我不是说你不应该对交往6个月的男朋友做这些事情（我的意思是，除了喝醉酒和做出愚蠢的举动之外）。这条真爱秘密说的是，在这段感情刚萌芽、对方开始对你形成第一印象时，不要表现出一副你是性对象的模样。

穿着决定你能吸引到什么样的男人

我们先来谈一下穿着。穿着让你觉得美美的、女性化的甚至性感的衣服，没有什么不对，只要穿着的时间适宜就行。一旦你在认真和对方交往时，用一种让你和男朋友都感到愉快的方式穿着，是件很有趣的事。

不过要记住的是，刚开始或是在你还没有认识男孩子之前，别人是以你外表看起来的样子来评价你。而且根据你的穿着方式，你会吸引到不同类型的男人。

我认识一个女人，她常常抱怨自己找不到对的男人，只会吸引到一些“说穿了，就是想上床”的坏蛋。可是如果你仔细看她，就会立刻知道她的问题所在，因为她穿得像个援交女。过度撩人、过度漂染的头发，衣服几乎无法蔽体，而且粉涂得比变装皇后还厚。

她的身体对我散发出一个信息：我要你跟我上床。可是当男人要做的就是那件事时，她又生气了。

男人是非常视觉的动物，而且他们对自己看到的事情不会做很多理智的解读：**如果你穿着打扮像妓女，男人会认为你就是妓女；如果你的穿着像个高尚的女人，他就会认为你是个高尚的女人；你的穿着有品**

位，反映出你个人的风格，他就会认为你迷人又有智慧。

你的外表应该反映出你心里的感觉。如果你呈现的形象不是“真正的你”，那么如果你吸引到的男人并不爱真正的你时，不要感到意外。

有一些男人非常害怕有亲密的关系，而且有严重的自我评价问题，所以他们找的女人是好看的花瓶型，而不是想找个女人，和她培养出有意义的情感。如果你把自己当成花瓶去推销，那么会找上门的买家就是这种人。

你不想要一个因为你的内在而爱你，而不只是爱你的外在的男人吗？那么就不要过度强调你的外在，否则他很难视而不见。

如果你的穿着方式是把所有的注意力都放在你的身体和你的性上面，就很难找到合适的男人用其他方式认真地看待你。再说，如果你迎合他的每一个视觉幻想的话，你又怎能信心十足地认为他是真心爱上真实的你？

真正性感的是你的内在，而非你的外在

再说一次，一旦你拥有一份平衡的、充满浓情蜜意的爱情，认为穿他喜欢你穿的衣服去取悦他是件好玩的事，但只有在你觉得穿这件衣服很舒服自在，而且只有在你知道这么做时，他对你的爱一如你穿着运动衫或超大号T恤的时候，才这么做。

你想要嫁的男人，是一个会成为好丈夫和好爸爸的男人，这样的男人不会去找一个色情杂志上性幻想的对象。他要找的是一个知心好友、一个心心相印的同伴、一个能让他引以为荣的女人。切记：**你对男人说出越多你的想法，和他分享的心情越多，你越会是他想要爱的人**。

最后，真正性感的是**信心、温馨、智慧，还有爱**。当你对适合的男人表现出这些方面时，他会知道你的与众不同之处，而且会对你毫无招架之力！

在床笫之间运用真爱秘密

真爱秘密是创造激情和美满性生活的最佳方法

假设你已按照真爱秘密认识了适合的对象，也发展出了感情上和心灵上的亲密关系，现在你们认同两人享受床笫之欢的时候到了。

别因为你和对方席枕交欢就忘了真爱秘密！

事实上，在床笫之间运用真爱秘密，是创造激情和美满性生活的最佳方法之一。

你可以在与男人的性爱关系中运用这些真爱秘密。

秘密2：切记，男人需要的爱和保证，和你一样多

你知道当你在期待头几次与你所爱的对象进行鱼水之欢时，心里有多么紧张吧？别忘了他也和你一样紧张！真爱秘密提醒你，不论你认为这个人有多棒，你有多想要他爱你，他只是一个人，和你一样觉得没有安全感，也和你有同样的需求。

记住这一点可以帮助你放松，不那么担心自己必须有完美的表现，同时帮助你让他进入你的心中。

秘密4：不玩爱情游戏

爱情游戏都是欺骗，所以在卧室里没有容身之处。如果你依据的是真爱秘密，那么你不该玩的性爱游戏有：

“猜猜看我现在感觉如何？”

“起初我想要你，后来又不想了。”

“不论你做什么事，我都不会觉得有什么大不了的。”

“除非我看到求婚戒指，否则你就别想跟我‘爱爱’。”

不要用性去操弄男人，或是在他已经显示想要和你分手时，用性说服他继续和你交往，或是用色诱的方式报复他做的某件事，然后表现出他是个糟糕透顶的情人——这些游戏都不在真爱秘密之列。

不用说，还有绝对绝对不要假装达到高潮。

秘密5：自然流露你的本性

不要尝试去成为你认为男朋友想要在床第之间拥有的那种女人。做你自己，因为那才是你唯一最擅长的事。

意思就是说，如果你不喜欢狂野、有冒险性质的性爱，就不要有那样的举动；如果你觉得非常感动，觉得想要哭，就用不着憋着；如果你有点小害羞，而且经验不足，就不要假装自己是身经百战的性爱高手。你越自然，你和男朋友（或丈夫）越容易从内心连接，越能制造出高质量的性爱。

流露本性的意思也是**不做你觉得不舒服的事，即使那表示要破坏这段感情也在所不惜**。

如果你不喜欢异类的性爱，而你的男朋友拿出手铐和绸缎做的鞭子时，要让他知道最好赶快把这些东西拿走。如果你的男朋友一天想要“嘿咻”3次，而你觉得受不了时，就不要勉强自己去迎合他，以免事后讨厌他。

你不必为自己的好恶而道歉，甚至不必加以解释。不过真爱秘密说，如果你要做自己，就必须尊重自己的好恶。

秘密10：留心可能有问题的警讯

从性关系上能够清楚地看出一个人的底细。在床第之间可以知道一些无法从其他方式得知的事情。

留心任何显示可能有问题的警讯，例如：

◇**你的男朋友在房事上很喜欢掌控一切**——他给你指令，告诉你什么时候要动，把你转过来转过去，并且从头到尾居高临下控制一切。像这样的男人不是觉得自己平常的生活已经失控，就是害怕被女人控制。

不论是哪一种，和你有关系的这个人都是喜欢掌控一切的人。

◇**你的男朋友火速“办完事”**——他可能私底下认为性爱是一件肮脏的事，对自己竟然还从中得到快乐有罪恶感。

◇**你的男朋友是个神经大条又自私的情人**——他可能也是个神经大条又自私的人，只是你以前从来没有注意到这一点。

◇**你的男朋友是一个三级片演员**——他真的很喜欢自己的床上功夫，你开始觉得他和谁在一起一点也不重要，因为他的焦点都在他自己身上。这个人可能是注重自我，甚至是自恋，他除了自己以外无法真的去爱别人。

◇**你的男朋友完全没有表达能力**——如果他像老鼠一样安静，你看不出他是不是很舒服，也感觉不出他达到高潮没有，你是和一个不论在床上或床下都不太会表达感情的人在一起。

◇**你的男朋友不觉得high或醉醺醺时便无法“办事”**——不喝得醉醺醺的就无法上床办事的男人，就是有酒瘾，不论他是否承认这一点。如果你的男朋友必须要high才能够享受性爱的话，他就真的有问题了。他应该寻求帮助，要不然你就应该离他而去。

这类警讯有很多，以上只是其中一小部分要留心的。

心中有怀疑的时候，不妨问一问你的同性友人或男性友人，看他们对你男朋友的性行为有什么看法。他们可能比你更能正确解读这些迹象，因为他们并没有投注感情在里面。

秘密14：坦诚面对自己的感情

真爱秘密的目标在于坦诚的沟通，而不是玩“我猜、我猜、我猜猜猜”的游戏。所以关系到你的性生活时：

◇告诉男朋友你喜欢和不喜欢的事情。

◇让他知道你的感受。

◇情绪上要坦诚不虚伪，这样他的情绪才能坦诚不虚伪。

◇不在床上时，谈一谈你们对性爱的态度，你们想要的和需要的是什么。

◇教他认识你的身体。他的身体和你不同，所以他不会像你一样知道该怎么对待你的身体。

秘密16：在感情上要大方，不要小气

当你和爱人上床的时候，用言语和声音表达出你的赞赏。让他知道他做的是对的。让他知道怎么做你会感觉舒服。告诉他你有多喜欢他正在做的动作，他正在做的事使你的心里有什么感觉。

让他知道你有多么想要激发他的“性”趣。让你的激情引爆吧！

祝你在床笫之间运用真爱秘密愉快！

第五部分

使男人许下承诺的真爱秘密

Part 5

我想没有任何一个英文单词比这个C开头的单词更能够使男女的关系紧张：Commitment（承诺）。

务必让感情关系经历承诺的四个阶段

你是否曾有过这种经验，和对方的感情发展顺利，直到你提出“承诺”这个话题?

你是否曾经担心，就算你不想对男人施压，要他给你一个承诺，但是只要你按兵不动，他就永远不会开口求婚?

当你的男朋友说他爱你，但他还没有准备“做承诺”时，他的意思是什么?

我想没有任何一个英文单词比这个C开头的单词更能够使男女的关系紧张：Commitment（承诺）。我们为这个单词而奋斗，为之患得患失，有时候还因为它而分手。

这个词带出我们对男人的刻板印象，就是男人认为女人一生的目的就是想办法套住一个男人对她作出承诺，而女人则认为男人有承诺恐惧症，只有在极大的压力下才会弃械投降，开口求婚。

我多年来为数以千计的夫妇、情侣提供咨询，得到的结论是，只要了解**秘密**20——许下承诺并不是决定有一天要娶某人，那么有许多承诺的问题都可以避免。**事实上每一段恋情都应该经历承诺的四个阶段，因此每一对情侣都会随着时间的推移作出这四个决定**。

不要把承诺与婚姻画上等号

如果你和大多数人一样，你也会不知不觉地在“承诺”和“婚姻”之间画上等号。举例来说，假设你认识一个男的，而且很喜欢他。你们已经交往大约6个月，然后突然间，你开始觉得需要一个“承诺”来巩固这段感情，因此你问自己：“我要和这个人订婚与结婚吗？”

如果现在要你回答这个问题言之过早（可能也真是如此），你就会感到迷惑，心想：“我现在要怎么做？我真的不确定是不是表示我应该跟他‘切’了？”

答案是：非也。这个情形是你已准备好进入新阶段的承诺，只不过并不是结婚的承诺。可是如果你不了解**秘密**20，你就不会知道下一个层次的承诺是什么，结果反而可能破坏一段完美的爱情。

假设一下你决定和男朋友谈这个问题。你说：“亲爱的，我觉得我想要你多给我一点承诺。”

他想到的头一件事是什么？你答对了，**他认为你想要他求婚！**

他对自己说：“天哪，我爱她和这一切，可是我绝对还没有准备好要结婚。”因此他可能回答你说：“我跟你说，我现在无法给你承诺。”你听到这话之后，眼泪扑簌而下，一面做出结论：“他不爱我，他对我们的感情不是认真的。”说不定，你甚至毅然和他分手，然后告诉你的姊妹们，他根本不想对你们的感情作出承诺。

好了，这下子你们两个都可怜兮兮的，想念彼此，并完全误解了这件事。事实是，你可能要的还是同样一件事，就是更进一步的承诺，但是还没有到结婚的地步。然而，你因为不知道承诺是有阶段性的，所以无法清楚和对方谈论你要的是什么。

随着感情的发展会经历四个承诺的阶段，我在这里略作说明。我想你会发现，这个说明有助于你了解自己的恋情，知道何时该进入下一个阶段。

承诺阶段一：承诺在性爱和感情上专一

时间：0到3个月

如果你现在是单身而且有交往的对象，你可能会花一点时间去了解新的对象，了解自己想不想继续与他交往下去。

交往到某一个时间段，也就是数周到数月之内，你会需要某种承诺，才能继续往下发展。这个承诺应该是在性爱与感情上的专一。我称此为“新关系”。

以下是你和男朋友在进入承诺阶段一时应该达成的协议：

1. 你和男朋友同意这是你们**唯一的亲密关系**，并且承诺所有的时间和精力都要与彼此共享，不放在别人身上。

2. 你和男朋友认同彼此是对方**唯一的性伴侣**（“性”意味着从亲吻到发生关系——任何你们进展到的程度）。

如果对方拒绝在你们谈感情开始不久后便做第一阶段的承诺，我鼓励你当场跟他说再见。不专一对待彼此，你们的感情是无法发展的，而且如果对方不尊重你，对你的重视不足以做那样的承诺，他就不值得等待。

承诺阶段二：承诺朝成为爱侣的方向努力

时间：3到6个月

一旦你和男友专一地彼此交往了三四个月，你们的关系可能就变得“认真”了。你认为自己“恋爱”了，而且你们正式成为一对。这是感情的重要阶段，到这个阶段你在感情上会比较投入。因此，在使你自己在感情上比较容易受到伤害之前，你想要确定自己做的这个决定是对的。

你们应该花时间在加深对彼此的了解上面，同时运用真爱秘密，测试彼此契合的程度。我称这个阶段为“发展中的感情”。

当你觉得：

◇你们的感情越来越好。

◇你们共度了大部分的时间和生活。

◇你们开始用“我们”来思考。

那么，你们已准备进入第二阶段的承诺：朝成为爱侣的方向努力。

以下是你和男朋友在进入第二阶段承诺时应该达成的共识：

◇你和男朋友一致认为你们的感情与众不同，而且值得培养。

◇你和男朋友一致认为你们的感情有发展为永远的伴侣的潜力。

◇你和男朋友同意一起努力坦诚沟通感情、正视使自己无法与他人有亲密关系的障碍、学习并了解彼此，以便创造出可能天长地久的那种伴侣关系。

很多人就是在感情的发展阶段犯下无法获得第二阶段承诺的错误。

你以为你的男朋友没有看到与你在一起的可能未来，否则他又何必说爱你，还花那么多时间和你在一起。

你没有真的和他谈过你的假定，然后数月以后的某一天，你提出结婚或类似的东西，他的回答是："我从来没有说我们会有共同的未来，我没有那么爱你。"于是你的心碎落满地。不要在感情发展的阶段停留4到6个月以上，而仍未得到第二阶段的承诺。

承诺阶段三：承诺共度未来

时间：6个月到你需要多久都行

一旦你们同意朝爱侣的方向努力，你就可以花6个月到数年的时间建立那个伴侣关系，时间长短要看你们两人的年龄以及这个感情的客观条件而定。我的建议是：你们越年轻，越要多花一些时间才能同意作出第三阶段的承诺。

如果你刚20出头，我不建议你认识一个男生才6个月，就作第三阶段的承诺。坦白说，你可能还需要几年时间学习相处的技巧和成熟的感情，才能让你的爱有一个强而有力的基础。

如果你是30多岁，而且以前认真谈过恋爱，非常清楚自己是什么样的人以及自己要的是什么，那么你可能不需要（或不想要花）这么多时间发展伴侣关系，而且可能在相处的第一年内就准备好承诺一个共同的未来。每一对情侣的情形都不相同。

在下列情况时，你准备好做第三阶段的承诺：

◇你们已建立强而有力又健康的伴侣关系，而且几乎所有的时间都处得很好。

◇你们笃定觉得想要共度未来，即使无法共度余生。

◇你们已无心再去探究别人有没有成为自己爱侣的可能。

◇你们觉得对方几乎无时无刻不全心全意地爱你和欣赏你。

以下是你和对方在进入承诺的第三阶段时应该达成的协议：

◇你和男朋友一致认为你们想要共度未来。

◇你和男朋友认同要作出以下其中一个正式的承诺。

订婚，然后再结婚。

计划尽快地订婚。

决定住在一起。

你和男朋友一致同意继续为你们的感情努力，以消除任何妨碍作出一生承诺的疑虑和障碍。

你可能已经注意到第三阶段的承诺是同意共度可见的未来，但还不是无止境的未来，也就是“永远”这两个字。

你们知道彼此想要一起生活，然而基于各种理由，你们还没有准备好现在让那个希望化为正式的婚姻（那会是第四阶段的承诺）。

每一对情侣做第三阶段承诺的情形互不相同，要看你们的价值观是传统的还是开放的，以及依据这个感情的客观条件而定。

如果你在第三阶段承诺时强烈想要与对方住在一起，但又想要未来有正式的婚姻结构，你就必须在两人真正同居之前，把你的想法提出来讨论，以免发生任何误解。

你可能想要提出时间表，例如在同居以后9个月或1年，到时候你们再重新评估彼此的感情，看是否做好结婚的准备。

承诺阶段四：承诺牵手走一生

这是大多数人说到“承诺”二字时心里想到的——也就是婚姻。你准备好作第四阶段的承诺，当：

◇你们已经进入承诺的第三阶段一段时间（订婚、同居等），而且已共同努力克服任何阻挠两人的客观环境或感情障碍。

◇无论面临任何逆境，你们对这段感情会继续成长，并具有充分的信任和信心。

◇你对与男朋友探索更深一层的爱、亲密感感到兴奋不已。

◇你确定你与男朋友合得来的程度，可以说是“适合”彼此的。

以下是你和对方在进入承诺的第四阶段时应该达成的协议：

◇你和男朋友一致认为你们想要携手共度一生。

◇你和男朋友一致认为，彼此是一生的伴侣，所以你们之间的关系是两人共同的创作；而你们的“孩子”，你们会珍惜、保护、呵护这个名为“伴侣关系”的孩子。

◇你和男朋友一致同意作出任何其他两人皆觉得重要的承诺，开启合为一体的新层次。

对大多数人而言，承诺的第四个阶段是以合乎法律的结婚仪式表达的。对没有那么传统的人而言，可能是用非法律的仪式，或用另一个私下的方式来使他们的关系神圣化。不论是用哪一种方式，承诺的第四阶段都是你可以对另一个人作出的最高形式的承诺。

承诺的四阶段，让男人和女人放轻松

既然你现在已经了解了这四种承诺，我希望你能明白为什么对男人说“我需要承诺”，不但令他们迷惑，语意也不够精确。他可能认为你想要结婚，可是你或许只是想确定他没有劈腿而已！

你要如何提出想要男朋友给予这些承诺以及与他达成共识？要记住**秘密14：坦诚面对自己的感情**。只要把你想说的话说出来就好了。或许可以问他需要你做什么，以便使这段感情继续下去，然后再说出你需要他做的事。

有一个更好的做法，就是拿一份真爱秘密的影本给他，指出这一段给他看，然后问问他的看法。

如果他完全不认同，或是拒绝讨论的话，怎么办？这就是**警讯（秘密10）**！再怎么说，如果你们根本不能谈这件事的话，首先你们就不应该在一起，当然更不应该订婚。

我认为当你提出承诺的阶段与“重大承诺”的话题时，你会发现——男人喜欢**秘密20**！

当你与对方分享这种意义明确的资讯时，他可能会重重叹一口气，然后如释重负地想：“真是个既聪明又有表达能力的女人！”

你的男朋友再也不会感觉有过早承诺结婚的压力，而且可以一次承诺一步，了解你的需要，使你幸福，并且信心满满地认为，当他开口向你求婚时，你们两人都已做好心理准备。

感情承诺比订婚戒指更宝贵

“恋爱宝典”认为，和男人谈感情的目的，从你认识他的那一刻开始，就是使他开口向你求婚，送你一枚漂亮的订婚戒指。真爱秘密说：如果男人求婚时只拿出订婚戒指，你就会成为待宰的羔羊。为什么？**因为使你们的感情持续一辈子的不是订婚戒指或是求婚，而是男人由衷给你的感情承诺**。

问题是，我们常常被困在“等待”求婚和求婚戒指上，以至于忘了寻找美好婚姻真正的基础，也就是感情的承诺。我不断听到类似下面的故事……

一个女子和一个男子交往了一两年，她的朋友们和家人不断问她，她和男朋友准备什么时候结婚。她的姐姐刚订完婚；不久，她就只会想到："他会在我生日那天求婚吗？他会在圣诞节求婚吗？他会在毕业之后求婚吗？"求婚成了她的目标。

打破女人对求婚与婚戒的迷思

这个女孩子有什么地方做错了？她犯的错误就是把精神放在错的事情上，也就是求婚，而不是放在最重要的事情上——男朋友对她作出的感情承诺，是否足以敞开心扉对她谈他自己的情感、满足她的需要以及与她共同努力建立健康的关系。

好不容易有一天，他开口向她求婚，并给她戴上一枚美丽无比的钻石戒指。她成功了！她得到了他的求婚！她的朋友和家人全都欣喜若狂。接下来数月，她觉得飘飘然！"给我们看一下戒指！"每一个人都这么要求，于是她便一次又一次得意扬扬地展示这枚戒指，心里想："我真幸福。"

可是到时候，如果不是在订婚时，那就更惨，要等到两人结婚以后，她才开始明白这个婚姻有一些严重的问题。她的丈夫把大部分时间放在事业上，而没有多少时间放在婚姻上。他拒绝讨论任何她不满意他的事，而且用这句话回答她所有的抱怨："我就是这个样子。"

这些问题是不是在结婚之后才莫名其妙出现的？她的丈夫是不是在订婚以后有了180度的转变？并不是！这些问题始终存在，只是他的妻子以前一直忙着寻找他可能求婚的蛛丝马迹，而不是找寻他真正给予感情承诺的迹象。

如果她运用真爱秘密，坦诚面对自己，就会注意到男友虽然献上了戒指，但是并没有提议讨论两人之间的问题，是要比较以她为优先，还是埋首于自己的事情。

厮守前，先在对方身上寻找四个感情承诺

这样的事情有可能发生在你身上，除非你牢记**秘密21：感情承诺远比订婚戒指更为重要**。

感情承诺是你和伴侣彼此间的保证，各自要如何在个人与两人相处方面成长。这些应该是你们在结婚之前一再讨论的事情，甚至最好是在订婚之前。以下是我建议你在想要终身为伴的男人身上，寻找的四个感情基本承诺：

1. **我承诺尽可能学习每一件可以使我做个更好的男人与更好的伴侣之事**。意思就是，我会积极努力改进自己，改掉我在感情方面任何不健康的习惯，这样才能做个爱对方与向对方付出的伴侣。

2. **我承诺学习用你值得被爱的方式去爱你**。意思就是，我会努力透

过言辞与情意，表达我的爱，同时满足你的需求。

3. **我承诺去做任何使婚姻幸福的事**。意思就是，当我们有问题时，我会坦诚地讨论，并且看书、听录音带、借助咨询或任何可用的工具，促进我们的婚姻幸福。

4. **我承诺在我们的婚姻中保持感情上的坦诚**。意思就是说，我会和你沟通我的感受，让你知道我心里是怎么想的，同时对你伸出手，而不是把你推开。

在很多方面，这四个承诺都比心上人对你说“我承诺娶你”来得更有意义，更重要。我强烈认为给予真正承诺的，不是结婚典礼或结婚证书。婚姻不是一张纸，不是在手上戴婚戒或收集度假相片的相册，不是细数你们在同一个屋檐下共同生活了几年，而是：**你日复一日爱、尊重、尊敬另一半的方式，以此作为给彼此的感情承诺**。

感情承诺有助于开创幸福的婚姻

你们结为夫妻不是因为你们举办过大型宴会，也不是因为你花了25美元公证结婚费，更不是因为每一个人认为你们是夫妻的缘故。你们是真正的夫妻，因为你和另一半在心灵、感情、身体、精神上都有共鸣。

这是你作的选择，这不只是哪一天作出的选择，而是再三思考作出的选择，那个选择就反映在你每一刻实践的感情承诺上。

我发现有很多年轻夫妇有以下的危险误解："一旦结婚以后，每件事情都会很好。"你的结婚典礼、盛大的宴会或是一克拉的戒指，都无益于你开创幸福的婚姻，但是你作出的感情承诺却可以。

我喜欢丈夫求婚时送我的那枚美丽戒指，然而与他做的和一直保持的感情承诺比起来，那枚戒指微不足道。是他给我的那些承诺使我确定自己嫁对了人，使我们的婚姻能每一天都在爱、尊重与欢乐中成长。

绝对不逼男人许下承诺

尽管女人认为自己已经非常努力自尊自爱，尽管自己的用意光明磊落、出发点良好，尽管自己的确比较清楚状况，但是许多女人一生中难免会对自己所爱的男人施压，要他作出承诺。有的人做得不着痕迹（或自以为是），希望自己小心翼翼提到的话语会使情人的脑海里对结婚有一点想法。

我们开始提到每一个订婚不久的朋友、堂哥、表妹、邻居或点头之交，而且声音里总是不胜向往，最后话语沉重地停顿下来。我们一有机会就在话里插入“将来”这两个字：“我跟老板说，我不确定明年能不能去开这个会，因为我不知道将来会怎么样。”**（暗示，暗示）**

有的人在情人面前变得莫名其妙地郁郁寡欢和疏离，动不动就唉声叹气，眼光投向远方，脸上挂着愁苦的表情，然后当男朋友说爱她，却没有再多说什么时，便一脸难过和不满，好像他刚才说了什么令人生气的话。一旦他问怎么了，她更是煞有介事地大声叹气，回答：“喔，没什么……真的。”一面投给他一眼，而且这一眼应该会让他觉得自己干了什么滔天坏事（当然，他对自己做了什么事完全是一无所知）。

这些做法通常对男朋友来说都没有太大的用处或者完全无效，因为大部分男人从未受过训练，无法解读这些难以理解的症状，结果得到的结论很可能是女人的经前症候群发作所致！

对男人施压或故弄玄虚，不会带给你快乐

有的女人（当然不是指你）甚至对求婚的渴望更加殷切，也更会伪装，而且干脆用“恋爱宝典”直截了当地操弄与要花招。当这样的女人觉得对方早该提出求婚，却迟迟未见行动时，便扬言要开始与别的男人交往；或是撇下男朋友，独自一人跑去度长假，希望当他觉得不能没有她时，就会被推上疯狂的道路，最后开口求婚。

这些欺骗的伎俩有效吗？我们不妨这么说吧：有时候，你我都见过，不适合的男人会追求玩游戏的女人，甚至连求婚也不无可能。然而这种被强求而得来的求婚有什么价值吗？对我来说一文不值，对你来说应该也一样才对。

套住一个男人，强迫他许下承诺所得到的快感，就像是偷来的钱比赚来的钱花起来更令人开心一样。

我们现在说的是**征服**（“恋爱宝典”的观念）和**承诺**（真爱秘密的观念）之间的区别。

征服的意思是操弄对方，施压要对方娶你，然后你得到的结论是，你在这场你想要结婚和他想要自由之间的权力战争中凯旋。他是你的猎物，而你终于得逞让他落入陷阱。

反之，承诺是你无法从别人那里“捕获”的，它必须坦率地给予，这就是承诺如此宝贵的原因。当一个男人由衷地对你许下承诺时，他是在送你一份爱的礼物，并且认为你是和他心心相印的爱侣。

秘密22说：绝对不逼男人许下承诺。照其他真爱秘密去做就好，坦诚说出你的感觉，提出问题，做你自己，并且经历承诺的四个阶段。如果彼此的感情进展到你需要的承诺多于他愿意给予的，而且你已经开诚布公地和对方讨论过此事的话，那么就该分道扬镳，继续过自己的日子，这样才能找到适合自己的人。

这不是尝试用手段去逼他作出承诺的时候。那种承诺有什么价值可言？嫁给一个知道你“设计”他结婚的人，你能有多少安全感？

用欺骗得来的感情，无法长久

再提供你另一个方式，就是逆向思维。

假设你才交往3个星期的新男朋友想要和你“爱爱”，可是你觉得时机还没有到。于是他决定按照男人版的“恋爱宝典”把你骗上床。他开始表现得冷淡疏远，而且在你面前色迷迷地看着别的女人；他若无其事地提到刚和前女友，那个身材面貌妖娆的花痴模特（顺便要说的是，对方想要与他破镜重圆）一同吃午餐；并且告诉你，他计划去大溪地的地中海俱乐部度假，而且是一个人去。

“天哪，”你心想，“我快要失去他了。也许我应该松口，就把身体给他好了，这样他就不会投入别人的怀抱了。”

因此，虽然你觉得现在走到那一步为时尚早，甚至这么做有违你的原则，但你还是在恐惧之下屈服了。

这个故事是不是让你反胃？女人这么容易在男人的性压力下屈服，只因为不想被拒绝，这是不是让你气恼？

这个故事会让你想要说“那种男人是人渣”吗？也许吧。然后扪心自问：这个男人的做法和手段，比起让男朋友求婚的女人有何不同？一点也没有。

我认为男人如果注定是你的，你就永远不会失去他，如果他不是你的，不论你用尽千方百计，仍然永远得不到他。当你拥有**适当的爱情**，遇到**适当的男人**，你们俩都会在**适当的时候**知道，彼此是天造地设的一对，会牵手走一生。那个妙不可言的一刻，才是值得等待的。

第六部分

如何在生活中运用真爱秘密

Part 6

要为决定改变，并且重新发现自己是个有力和可爱的女人，以自己为荣，千万不要给自己压力，要求自己在一夜之间把一切做得无懈可击。

舍弃“恋爱宝典”
改用真爱秘密后，要有耐心

现在你要准备进入最令人兴奋的部分了，那就是开始在你和男人的关系里运用真爱秘密。

如果你曾经奉行一些“恋爱宝典”，那么你可能想要改变，开始在你和男人的关系里运用真爱秘密，但又不是很确定要如何做。或者，你已经试过一两条真爱秘密，但不确定自己做得对不对。

有这种感觉是很正常的。毕竟，你可能习惯玩游戏，或是修改你认为男人会不喜欢你的部分，从来不问自己要什么，或太注重于使他喜欢你，以致从来没有停下来问自己，到底你有多喜欢他这个人。

如果这是你从前的思考习惯和行为方式（即使只是有时候而已），刚开始做一些和你原本的习惯背道而驰的事，感觉会有点奇怪。

重要的是记住：**刚开始觉得不自在或别扭，并不表示这个做法对你不好**。回想你第一次骑脚踏车、开车、学跳舞或和男生接吻时，你还记得当时你有多紧张、多别扭吗？不过还好，你并没有把这种不自在视为永远不该再做的事。你锲而不舍地学习，不久之后，骑脚踏车、开车、跳舞或接吻的感觉就自然了，一如以前做这些事情时的不自然。

从“恋爱宝典”改用真爱秘密，感觉不自在或别扭很正常

实践真爱秘密也是如此。当你觉得对自己不太有把握时，你可能是在经历从“恋爱宝典”行为改变到真爱秘密行为的短暂过渡期。毕竟，这可能是你有史以来头一次让自己真实的个性发光发热，和男人在一起时完完全全做你自己。在男人身旁时保持镇静、自信、自然，对你来说可能非常不自然，所以刚开始或许会觉得怪怪的。“这怎么能算约会？”你可能纳闷：“我那么放松！”恭喜你，你已经在力行真爱秘密了！

真爱秘密公式

以下是从“恋爱宝典”转换到真爱秘密的四步公式，很容易记住：

1. 当你在一个男人身边或是在一段恋情里感到不舒服时，就要留意。

2. 问自己："是我实行的哪一条'恋爱宝典'让我觉得不舒服？"

3. 再问自己："我现在实行的哪一条真爱秘密可以使我恢复冷静？"

4. 最后，实行那条真爱秘密。

我们来看一下这个公式是如何奏效的例子。

你看了这本书，不久之后开始与一个刚认识的男孩约会。你们坐在餐厅里，你发现自己开始觉得浑身不自在。你听到自己不用大脑地跟他聊天气、聊你喜欢看哪些电影，以及其他你毫不感兴趣的话题。你不禁担心："这不对，我听起来像个大白痴。"

这时候，你想起真爱秘密的公式，于是提醒自己：**"对了，我发现我觉得不自在。那是第一步。"**

好，那第二步是什么？**问自己，是你实行的哪一条"恋爱宝典"让你感到这么难受。**"哦，我在试图表现得轻松自在，我在调整很多我正在思考的事情，而且我没有表现出真性情。"

很好！你清楚地点出了自己为什么会这么尴尬的原因。原来是你没有在做你自己，怪不得愉快不起来。现在要怎么办？步骤三，**问自己："我现在可以用哪一条真爱秘密来使我恢复冷静？"**

"好，我有几个选择：我可以问他问题，多了解他一点。我可以坦白说出自己的感觉。我可以表达我的想法，表现出比较真实的我。”

好极了！所以现在到了第四步：**运用真爱秘密**。

于是你这么做，“吉姆，我必须老实说，我今天晚上有一点紧张——我从你哥哥那里听到很多你做的好事情，他把你说得真是完美无缺！”**（坦白说出自己的感觉，秘密14）**

或者，“你刚才说到你刚从纽约搬到俄亥俄州。还能适应吗？我在大学毕业后，从北卡罗来纳州搬到这儿的时候，就很难适应。”**（提问题，秘密7）**

或者，“你刚才说到你侄子的庆生会，让我想到最近读到的一本好书，是关于传统美国土著居民的仪式。当他们的男孩子到某一个年龄时，会被送出去3天，展开灵性追寻，追寻他自己的守护灵，经历一些有心灵象征意义的事情。那种做法听起来有点酷。你不觉得吗？”**（表达你的想法，秘密15）**

瞧，就是这么简单。当你实行真爱秘密的公式时，会开始发现自己在做或说一些不是真正的你会做的或会说的，这时便可以运用真爱秘密，做个新的、健康的选择。

实行真爱秘密，就能自由自在地表现自己的真性情

破除旧习惯绝非一朝一夕的事，必须假以时日。不论是吸烟、暴饮

暴食、咬指甲、拖延、按照一些过时的“恋爱宝典”去与男人互动，或是任何无益于你的行为，做正向的改变是一步一步的过程，需要爱自己和很多耐心。因此，要为决定改变，并且重新发现自己是个有力和可爱的女人，以自己为荣，千万不要给自己压力，要求自己在一夜之间把一切做得无懈可击。

在不知不觉中，你甚至不必考虑自己要如何与男人互动或给男人什么印象，因为你永远会自在地表达自己的真性情，说出你的想法和感受，呈现出美好特殊的自己！那会给适合你的男人一个机会去了解和爱上真正的你！

用理智保护自己，而不是用感情

这本书看到这里，你心里可能在想：“嗯，听起来都很不错，可是万一我照着真爱秘密去做，结果却在感情上受创怎么办？如果我做自己，男人却敬而远之怎么办？如果我提一些问题，却被他说成是‘控制狂’怎么办？如果我让他知道我的感觉，而把他吓跑了怎么办？”

我的回答是：要是发生这种情形，就迈出你的脚步向前走。要记住——**当你遵循真爱秘密时，不适合的男人自动会从你的爱情生活里消失**。

你并不需要世界上每一个男人都爱上你，在这个世界上只需要一个男人来爱你就够了。运用真爱秘密迅速找出那个不适合的男人，他不喜欢你，不表示你失败了。正好相反，这个意思是说你成功了：又有一个不合拍的人被淘汰，避免再发展一段浪费时间的感情，而且又朝找到适合的对象迈进了一步。

运用真爱秘密淘汰不适合的男人

说老实话，没有人喜欢被人拒绝，即使是我们受不了的人！没有人觉得自己漂亮、聪明、想要和自己在一起时，这是多么令人难过的事啊，而那就叫做自我。可是人毕竟无法避免在生活和爱情中有某种程度的痛苦，因为那是人生的一部分。就算婚姻幸福，万一你的老公因为某事而生你的气，在你们亲吻和解之前，还是会令你有一点点难过的。

长期害怕痛苦与被拒绝，以及决定不惜一切避免痛苦的女人，会变得冷淡、被保护、可望而不可即。这种害怕在她们的心房四周筑起高墙，谁也进不去，然后有一天一个可能适合她的男人来了，但是他看到那道高高的墙，判断推倒这堵墙太费周折，于是继续往前走，转而寻找其他的人去了。

“恋爱宝典”建议你要用感情保护自己，不能显露你的感觉，要保持神秘、让人难以一亲芳泽，让男人成为脆弱的一方和承担所有风险的人。这些行为不但无法保护你，使你免于痛苦，到头来反而会导致痛苦，因为你是一路费尽心机才终于得以和一个不知道或不爱你真正面目的男人结婚，他娶你只是对你玩的手段作出回应而已。

秘密24：用理智保护自己，而不是用感情。换言之：不要关闭你的心扉——但是，要放聪明。

放聪明，意思就是运用你的聪明才智和真爱秘密：

◇远离不喜欢真爱秘密的男人（**秘密3**）。

◇自然流露你的本性（**秘密5**）。

◇投入太多感情之前，先问清楚（**秘密7**）。

◇不与不是完全自由之身的男人交往（**秘密8**）。

◇找一个人品好的男人（**秘密9**）。

◇留心可能有问题的警讯（**秘密10**）。

◇别和男人的潜力谈恋爱（**秘密13**）。

◇坦诚面对自己的感情（**秘密14**）。

◇拿出你最有魅力的特色——表达你的想法（**秘密15**）。

◇等到有亲密感情以后，才有亲密性关系（**秘密17**）。

◇不要降低自己的格调，做出性对象的举止（**秘密18**）。

◇务必让感情关系经历承诺的四个阶段（**秘密20**）。

当你运用理智，以这些真爱秘密对待男人时，就可以避免遭受莫大的痛苦和心痛，而且可以肯定自己不会与不适合的男人发生不适当的感情。

深刻感受的能力，是你最大的天赋。不要因为恐惧而紧闭你的心扉。反之，运用真爱秘密深入了解自己内在的力量和合乎自然的智慧，然后听从它们的声音，直到它们带你找到你的真爱。

用真爱秘密
对待生活中的每一个人

你猜出真爱秘密背后的道理了吗？给你个提示吧，真爱秘密不只可以用来找到适合的男人，或是与一生的伴侣缔造圆满婚姻的建议。这些秘密甚至根本不是和男人有关的。

告诉你真爱秘密的真理吧：**它们是和人生有关的秘密**。它们根据心灵的和哲学的原则而来，所以**不只适用于亲密关系，也适用于你和每一个人的关系，包括家人、朋友、同事甚至你不认识的人**。

这是真爱秘密令人兴奋的地方。一旦了解这些秘密之后，便可以运用在与人相处的所有情况上。事实上，你不必非得要有亲密的关系，才能开始使用真爱秘密。

我是说真的——使用真爱秘密，甚至完全不需要男朋友。你可以开始运用到生活中与别人有关之处，如此一来，等到适合你的男人出现时，你已经能够挥洒自如地运用真爱秘密。

“恋爱宝典”，在任何关系里都不管用

我敢说你以前恋爱时遇到的每一个问题，在和朋友、家人、同事、员工等关系上也会碰到。那是因为大部分人和这些人相处时，会犯下与男朋友相处时一样的错误。

那一套对亲密关系不管用的“恋爱宝典”，在任何关系里都不管用，但是许多人却不知情地把这些“恋爱宝典”运用到生活的各个方面。

举例来说，你有没有做过难以忍受的工作？说不定是因为你一心一意想要被录取，所以没有对这份工作、工作环境、公司的理念提出足够的问题，来让自己决定它究竟适不适合自己！

咦，这个道理是不是好像在哪里听过？我们迫切想要谈恋爱时就会这样，向对方提出的问题不够多，就付出了真感情（**秘密7**）。

或许你的一个同性友人快把你搞疯了，因为她不断向你抱怨她的生活。可是事实上，她的生活一团糟。她总是爱上待她猪狗不如、一天到晚喝得醉醺醺、不断被炒鱿鱼、不断小题大做的男人，陷入了对她造成伤害的关系。

回想起来，你就知道当你刚认识她时，她就有问题。可是你视若无睹，希望自己可以“帮助她”振作起来。你看得出你这么做时，是忽视哪一条真爱秘密吗？**秘密10：留心可能有问题的警讯**，以及**秘密13：别和男人的潜力谈恋爱**。

接下来的几页，要再重复几条适用于所有人际关系的真爱秘密。

在生活中运用真爱秘密

秘密1：你希望男人怎么待你，你就怎么待他

如果这是你在生活中唯一遵循的真爱秘密，你也会做得很好。

说白了很简单，就是不喜欢别人对你说谎，就不要对别人说谎；不喜欢别人说你的八卦，就别说别人的八卦；不喜欢别人不给你解释的机会，那么当别人尝试对你解释的时候，就不要把它当成耳边风。

有个方法可以记住这条生活秘密，就是想一想“业”的定律，也就是你做的每一件事都会回到自己的身上。

在你决定做某件事之前，问自己：“我乐意接受这个举动回到我身上的结果吗？”如果答案是“不”的话，就不要做！

秘密2：切记，男人需要的爱和保证，和你一样多

你认识的每一个人心中，都和你一样有对爱情认同、肯定的需求。当然，有的人是用扭曲的方式做那些事情，但是只要你**透视对方尝试在表面上呈现出来的个性，看到他内心脆弱的人性的话，大部分人会给你良好的回应**。

那个活像笨蛋的业务员在生活里得不到很多爱，或是那个想要抢你做的企划案功劳的家伙可能觉得和别人格格不入。

想到他们，可以帮助你不至于对生活上难以避免的失望反应过度。你或许还是觉得沮丧，但是至少不会降低自己的格调，为了配合别人，而作出和他们一样差劲的事。别忘了，其实每一个人都和你一样，怕自己没人爱。

秘密4：不玩爱情游戏

欺骗和操弄或许可以在个人生活或工作生活上，让你的目的一时得逞，然而到头来只会破坏你的诚信和人格。

要坦诚、公平、不玩游戏，你可以做得更好的。

秘密5：自然流露你的本性

这一条永远适用于每一种情况，不论是明显的结果或其他人的反应，因为你除了做“正牌”的自己在行之外，做别人是做不来的。

秘密6：喜欢他，就要让他知道

这里指的是你的亲朋好友、邻居、司机、女服务生、老师、业务员、有氧舞蹈教练以及你的猫和狗——每一个。

别以为他们已经知道你的感觉，所以就不需要听到你亲口说出来了，其实他们还是需要的！

秘密7：投入太多感情之前，先问清楚

在你租下一间公寓之前，在你雇用某人之前，在你去一家新餐馆之前，在你订旅馆之前，在你同意帮助某人做一个案子之前，在你让某人帮你剪头发之前，在你买一个器具装置前，在你做任何重要的事情之

前，请你先问问题!

我们在生活中遇到的大多数日常问题都是可以避免的，只要我们多问一点问题（而且要好好听清楚对方给你的答案）。

秘密9：找一个人品好的男人

不要只是图一时之便，选择朋友、室友、生意上的合伙人、旅伴、员工时，让自己置身于人品好的人之中，这样生活中的不愉快就会减少很多。

秘密10：留心可能有问题的警讯

注意你的身体、车子、经济、心情、别人对你说或不对你说的话、别人如何待你，尤其是要留心会令你感到不舒服的事。宇宙总是在向我们提供许许多多的信息。大部分的麻烦，是因为没有留心那些信息而惹上的。

秘密11：从胸襟气度的大小去衡量男人，而非看皮夹子的厚薄

下列这些事情没有一件是重要的：

某人有多少钱，他的工作有多重要或多炫，外表有多迷人，事业有多成功，他认识谁，有多少人认识他，体形是什么样子，穿什么衣服，拥有什么，他的性格喜好，他是什么肤色。

重要的是一个人内心里有什么东西。如果说有任何事情会令你印象深刻，这件事就是一个人有多好和多有爱心。

秘密14：坦诚面对自己的感情

相对立的做法就长远而言永远行不通，所以又何必白费工夫呢？

秘密15：拿出你最有魅力的特色——表达你的想法

别人没有你的那种特质，所以你的特质在同一类型里是全世界最优秀的。把它展现出来吧！

秘密16：在感情上要大方，不要小气

你和别人分享的爱越多，自己内心感受的爱也会越多，因为当爱源源不断涌出时，你是第一个身受其惠的人。

你绝不会因为爱人而失去什么，所以用你的笑容、言语、行动、思考，把你的爱分享给每一个人及每一件事情。不要让爱只停留在人们的身上，还要让你的爱遍及动物、树木、花卉、云朵以及所有大自然的奇迹。

如果你认识的每一个人以及你不认识的每一个人都同时实行真爱秘密，岂不是太美妙了？

结语

把真爱秘密传出去

我坐下来写《你该知道的真爱秘密》时压力很大，因为我写稿的时间没有平常多，所以不禁怀疑自己是否能在期限内完稿。

然而，尽管这件事看起来几乎是“不可能的任务”，但我还是觉得自己必须写这本书、注定要写这本书，而且不知怎么的，就是觉得这本书会如期完成。我把自己锁在办公室里，打开电脑，然后开始写稿。

在我写6本书时，外子都和我同住在一个屋檐下，所以非常熟悉我在出每一本新书的过程中千篇一律的情绪变化，从兴奋、挫折、不耐烦、自我怀疑、突破，再回到兴奋，然后循环往复。

开始动笔4天后的晚上，我坐在电脑前，不知道自己该如何写这本书。

这看起来就是我在“写书的阵痛期”惯有的样子——穿着最宽大、

最邋遢的运动衫裤，头发3天没洗，脚上还穿着舒服的卧室拖鞋，而且是从4天前的早上就穿到现在的。

忽然，我的办公室传来敲门声，我的老公杰弗瑞走了进来。我已经有一整天没有看到他了。

他一手捧着一大束美丽的花，另一手端着一杯我最爱喝的咖啡。“我买了些东西帮助你文思泉涌，”他笑着说，“我想这些花的馨香会充满你的办公室，咖啡则会让你保持清醒！”

他弯下腰亲吻我，好像完全没有注意到我油腻腻的头发或是邋遢的衣服，然后他把里面装了一张卡片的信封放在我面前。

“现在就看，”他建议，“希望可以给你一点灵感。”于是我就打开信阅读。

亲爱的老婆大人：

谢谢你那么努力工作和维护对的事情。如果你是“恋爱宝典”女郎，我不但不会娶你，甚至可能根本不会和你做朋友！事实上，我不但不会和你做朋友，也不会和你有任何瓜葛；而且，我还会脚底抹油朝另一个方向逃离！

谢谢你做一个真女人，有真头脑和真宽阔的心胸。谢谢你是完完全全的你。我好崇拜你。

放手去做吧！

杰弗瑞

我读着我的好老公所写的这些宝贵的字句时，泪水不禁夺眶而出。

这个老公，是我因为奉行错误的“恋爱宝典”而选错人，经过多年的痛苦之后，好不容易才找到的；这个老公，是我对他可以完全坦诚、完全老实、完全呈现自己的第一个男人；这个老公，完全爱着那一刻就那样坐在那里的我；这个老公再三向我保证，我只要自然流露我的本性，不用假装是任何人，就可以得到他的爱。

我恍然大悟，我婚姻中的这一刻正是真爱秘密所说的，这一刻让我体会到，我是因为做我自己而完全被爱的那种高度自由。

我的老公不是因为我表现出一副疏远的样子而送我花，也不是因为我表现冷淡，所以觉得“战战兢兢”。他写那张温馨的卡片给我，不是因为我假装忙碌，让他来追求我。不是的，他的体贴和关怀表达了他对我这个女人、他的朋友和他的妻子的爱和尊重。

这种爱不在于我的长相，不在于我如何保持他对我的欢心，更不在于我让他主导几次。那是因为，这就是真爱。

我希望你也有同样的体验。我希望你知道男人因为你是你而爱你，是什么感觉。我希望你知道不必做任何事情就得到他的爱，是什么感觉。我希望你知道体验真正的爱，是什么感觉。

你得到的不应少于此……

我是怀着爱心和对真正的你的尊重，而为你写这本书的。请把这本书传递的信息传送给你爱和尊重的女人，以及其他你想要爱和尊重的女人。也请你把这本书传递的信息传给你认识的男人以及你接触的男人，这样他们也可以学习爱和尊重我们。

衷心感谢你。

芭芭拉·安吉丽思

图书在版编目（CIP）数据

你该知道的真爱秘密 / (美) 芭芭拉・安吉丽思著；钱基莲译. — 北京：印刷工业出版社, 2013.9

书名原文: The real rules: how to find the right man for the real you

ISBN 978-7-5142-0934-1

Ⅰ.①你… Ⅱ.①芭… ②钱… Ⅲ.①爱情—通俗读物 Ⅳ.①C913.1-49

中国版本图书馆CIP数据核字（2013）第233180号

版权登记号 图字：01-2014-0207

你该知道的真爱秘密

作　　者：（美）芭芭拉・安吉丽思
译　　者：钱基莲

责任编辑：王　彦
出版统筹：李耀辉
特约策划：钟建波　杨　柳
产品经理：阎文哲
特约编辑：沈可成　李　鑫
装帧设计：门乃婷工作室
出版发行：印刷工业出版社（北京市翠微路 2 号　邮编：100036）
网　　址：www.keyin.cn　www.pprint.cn
经　　销：各地新华书店
印　　刷：北京慧美印刷有限公司

开　　本：635mm × 965mm　1 / 32
字　　数：135千字
印　　张：6.5
印　　次：2014年3月第1版　2014年3月第1次印刷
定　　价：29.80元
I S B N ：978-7-5142-0934-1